크로노스의 행간

| chronos, 필멸의 삶 |

크로노스의 행간
chronos, 필멸의 삶

초판 1쇄 발행 2024년 10월 21일

지은이 전희채
펴낸이 장길수
펴낸곳 지식과감성#
출판등록 제2012-000081호

교정 정은솔
디자인 오정은
편집 오정은
검수 한장희, 윤혜성, 이현
마케팅 김윤길, 정은혜

주소 서울시 금천구 벚꽃로298 대륭포스트타워6차 1212호
전화 070-4651-3730~4
팩스 070-4325-7006
이메일 ksbookup@naver.com
홈페이지 www.knsbookup.com

ISBN 979-11-392-2165-7(03810)
값 13,500원

- 이 책의 판권은 지은이에게 있습니다.
- 이 책 내용의 전부 또는 일부를 재사용하려면 반드시 지은이의 서면 동의를 받아야 합니다.
- 잘못된 책은 구입하신 곳에서 바꾸어 드립니다.

지식과감성#
홈페이지 바로가기

희채
필집

크로노스의 행간

| chronos, 필멸의 삶 |

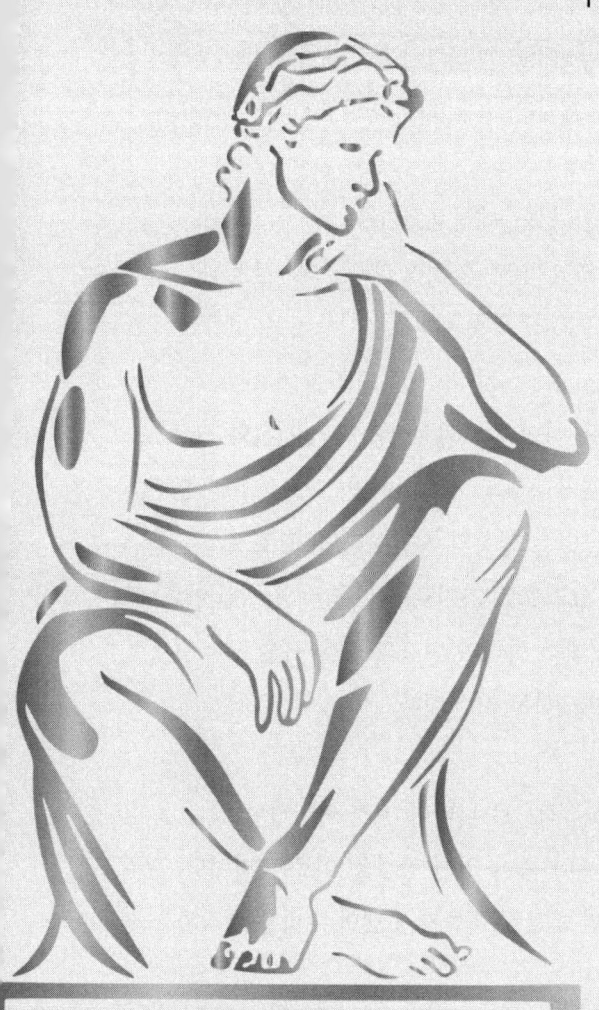

책머리에

"바로가 야곱에게 묻되 네 연세가 얼마뇨
야곱이 바로에게 고하되 내 나그네 길의 세월이 일백 삼십년이니이다
나의 연세가 얼마 못되니 우리 조상의 나그네 길의 세월에 미치지 못하나
험악한 세월을 보내었나이다 하고
…
야곱이 아들에게 명하기를
마치고 그 발을 침상에 거두고 기운이 진하여 그 열조에게로 돌아갔더라"

(창세기 47:8-49:33)

헬라(그리스)어로 '때'를 나타내는 말로 카이로스kairos와 크로노스chronos가 있다. 카이로스가 신神의 시간이라면, 크로노스는 인간의 시간이다. 카이로스가 끝없는 영속의 시간이라면, 크로노스는 끝이 있는 한계의 시간이다. 그러므로 카이로스는 '영겁의 시간'이요, 크로노스는 과거로부터 미래를 향하여 인간의 삶을 꿰뚫으며 기계적, 연속적으로 흐르는 '필멸必滅하는 시간'이다.

행간行間이란 글에는 직접적으로 나타나 있지 아니하나 그 글을 통하여 나타내려고 하는 뜻이 숨어 있는 공간을 이르는 말이다. 필멸의 삶을 살아가며 말로써 밖으로 내놓지 못했던 수많은 생각과 느낌

등이 인생행로의 그런 공간에 녹아 있다는 의미로 에세이집의 제목을 《크로노스의 행간》이라 표현했다. 머리와 가슴속에 담겨 있는 내면의 모든 역사를 외부로 온전히 표출하는 것이 불가하다는 현실적 한계에서 조금이나마 벗어나기 위한 작은 몸부림의 표현이 바로 이 글들이다.

　기록은 어떤 것이든 유의미하며 나름의 역사를 만든다. 그것이 공적인 경우 그 가치의 귀중함을 굳이 논하지 않아도 되겠지만, 혹 그것이 사적인 것이라 해도 거대한 역사의 바다를 떠도는 한 조각 나뭇잎 나름의 미미한 역사적 의미 정도는 지닐 수 있을 것이다.
　세기의 문호 러시아의 도스토옙스키는 그의 소설에서 어느 한 사람의 진면목을 알기 위한 가장 바람직한 방법은 그가 쓴 책이나 일기 등을 읽는 것이라고 말한다. 말보다는 글에서 보다 깊고 폭넓은 사유가 용해된 진실한 마음이 우러나 표현될 수 있으며, 그것에 더해 글과 글 사이의 행간에서 또한 심중의 뜻이 은근히 나타나기 때문일 것이다. 눈이 마음의 창이라지만 글이야말로 진정한 마음의 창이라 할 수 있다.

　켜켜이 쌓인 오늘까지의 크로노스의 시간이 카이로스의 시간으로 점차 빠르게 질주하는 이즈음, 수년 전 출간했던 에세이집 《사계가 품은 내 속(생각)의 역사》의 글 중에서 다시 읽고 싶은 글들과 그 후 틈틈이 써 온 글들을 함께 모아 새로운 모습의 한 묶음으로 세상에 내놓는다. 필멸의 여정에 자그마한 흔적으로, 혹시나 후손들과 지인들의 나에 대한 기억과 추억을 위하여 세상에 나온 후 칠순七旬의 때에 맞춰 내놓게 된 것이다.

원컨대 내 삶의 행간에 쓰인 이 글들이 길모퉁이의 하찮은 돌무더기라도 되어, 오늘 혹은 언젠가 나와 동일한 세월에 서는 독자들의 흘깃한 눈에 잠시라도 띈다면 그 이상 감사함이 없을 것이다.

끝으로, 보잘것없는 글이지만 이 묶음을 오래전 소천召天하신 아버지 전병운全炳雲 님, 어머니 유을선劉乙善 님, 신앙의 스승이신 노평구盧平久 님의 영전靈前에, 그리고 삶에서의 견뎌 내기에 끊임없는 자극과 격려를 준 아내 우재영에게 드립니다.

> 2024년, 10월 칠순(七旬)의 해
> 김포골 작은 서재에서

차례

책머리에 ·· 4
프롤로그 ·· 16

자연-생명

가을초록 ·· 22
비 오는 날의 수채화 ·· 24
세월유상歲月有想 ·· 25
苦待春來·봄을 기다림 ··· 26
마을 뒷산 길에서 ·· 28
추동推動의 가을 ··· 29
숲으로서의 하루 ·· 30
이제 가을이런가! ·· 31
세월의 반半 고비에 ··· 33
생명 비, 봄비 ·· 34
개화산 자락에서 ·· 35
생명의 끈기 ··· 36
청산도青山島 ··· 37

세상 -자유, 평화

세상의 눈	40
화창한 봄날을 뒤로하고	41
유토피아utopia?	43
기러기는 떠났다. 그러나…	45
이제는 되었다!	48
관점의 이성적 이해	49
반지성주의	50
적어도 분명한 것	51
언어 그리고 새 시대의 지평	52
벗어던질 때이다	54
생각이 흐르는 숲	56
코로나Covid 유감有感	58
광화문광장 유감有感	59
나서서 가야 할 곳, 4월 15일 수요일	61
전환	62
빼앗긴 들에도 봄은 오는가	64
출근길	66
열린사회와 그 적들 The Open Society and Its Enemies	67
중국	69
회칠한 무덤의 자리	70
교리	72
중동의 라마단과 이중성	73

미혹의 갈림길 ·· 75
인간의 연緣 ··· 77
광란의 이념 ··· 79

삶-견뎌 내기

걷는 길에서 ··· 82
축적의 시간 ··· 83
기러기와 낙상홍과 산수유 ································· 85
생존 증명 ··· 87
세상살이 ··· 89
오늘 ·· 91
사는 일이라는 게 ·· 92
병상 유감有感 ·· 93
시련이 문을 두드릴 때 ······································· 95
이젠 '작은 영웅'이고 싶다 ·································· 96
낯선 그러나 원하는 길 가는 자식에게 ················· 98
재주껏, 꼬락서니대로 산다는 것 ························· 100
어느 맑은 날에 ··· 102
육신, 마음 그리고 영혼의 자유로움 ····················· 104
자식에 대하여 ·· 109
검은 땀방울 ··· 111
하루의 시작 ··· 113
삶의 자리 ··· 115

하고 싶은 말, 자식에게 ·················· 117

사랑과 인내 ································ 119

내가 줄 수 있는 것 ······················ 120

늙음 ·· 121

견뎌 내야 되는 곳 ······················· 122

그곳이 반드시 꽃길이 아니더라도 ·········· 123

동행-나눔

사랑·시간·생명 ···························· 126

양정56산우회에 대한 소고小考 ·········· 127

인생에의 동행 ····························· 129

동기 이수곤 박사에 관한 중앙일보 기사를 읽고 ··· 130

동생 전영기 기자를 격려하는 이유 ········ 132

충남 홍성 용봉산에 다녀와서 ·············· 134

산우회 날에 ································· 137

에티오피아로부터의 서신 ··················· 139

강화도 무레사네 ···························· 142

생명 ·· 143

관계, 그 경외로움 ························ 144

벗과 함께 한 이야기 ······················ 146

아내의 여행 ································· 149

도락道樂-책, 식食, 문화

- 자유로움 그리고 평온 ………………………………… 156
- 브레이브 하트 Brave Heart ……………………………… 157
- 하얀 외로움·등불·가을 ………………………………… 158
- 무릇 영웅이란 …………………………………………… 159
- 천국으로 가는 계단 Stairway to a heaven …………… 164
- 책, 나, 일상 ……………………………………………… 166
- 살리는 글 ………………………………………………… 168
- 금식예찬 ………………………………………………… 171
- 다윈의 식탁 Darwin's Table …………………………… 173
- 반일 종족주의 …………………………………………… 175
- 왕의 신전 Temple of the King ………………………… 176
- 변명 아닌 변명 …………………………………………… 178
- 홀로인 지금 ……………………………………………… 180
- 사합예찬四合禮讚 ……………………………………… 181
- 도락의 순례길 …………………………………………… 183
- 영화 〈펜스〉 이야기 …………………………………… 185
- 여유의 가치 ……………………………………………… 187
- 조용필, 그리고 그의 노래 ……………………………… 188
- 사계四季가 품은 내 속(생각)의 역사 ………………… 190
- 중동의 눈으로 본 예수 ………………………………… 192
- 허리케인 카터 The Hurricane ………………………… 193
- 인문학에 대한 생각 ……………………………………… 195

추억-흔적

- 두 개의 창 …………………………………………… 198
- 이종환 회장님 명복을 빕니다 …………………… 199
- 김교신 일보日步 ……………………………………… 201
- 가끔 이리 사는 것도 ………………………………… 202
- 남한산성 ……………………………………………… 204
- 지리산 둘레길을 나서며 …………………………… 205
- 지리산을 뒤로하며 ………………………………… 207
- 오늘이라는 오늘을 떠나는 여행 ………………… 211
- 무명無名 ……………………………………………… 213
- 가신 부모에 자식이란 ……………………………… 215
- 새로움이 주는 것 …………………………………… 216
- 노평구 선생님을 추억하며 ………………………… 217
- 나의 또 새 길 ………………………………………… 222
- 두툼한 시간들 ……………………………………… 224
- 사思부모곡 …………………………………………… 226
- 어머니 1주기 추모의 날에 ………………………… 229
- 이성의 흐름을 멈추다 ……………………………… 230
- 그리움 ………………………………………………… 231

고독 -사유, 성찰

라인홀드 니버Reinhold Niebuhr를 읽다 ·············· 234
마음 다짐 ······································· 236
내가 나를 부르는 소리 ························· 237
고독의 시간을 좇아서 ························· 238
가야 할 곳 ······································ 240
나는… ··· 242
행복의 역설 ···································· 243
동기 모임을 떠나는 소회 ····················· 245
가장 두려운 죄 ································· 246
오늘을 위한 빈자리 ···························· 247
소우주 ··· 248
그대로 있는 곳에서, 그럼에도 다른 것으로 ·········· 249
반전 ·· 251
한양도성길을 걸으며 ························· 253
돌아옴 UND… ································· 255
옛과 오늘 ······································· 257
새벽 풀숲 헤치고… ··························· 259
숲의 고요 ······································· 261

죽음-소망

떠나는 날 …………………………………………………… 264

북방으로 가는 길 ………………………………………… 265

벗 고故 ○○○ 군을 보내며 …………………………… 267

세월의 무게 ………………………………………………… 269

○○○ 교수 소고 ………………………………………… 270

기다리는 마음 ……………………………………………… 272

'떠남'에 대한 단상 ………………………………………… 273

죽마고우 '김○○' 군의 비보 …………………………… 275

두 영혼이 떠나는 날 ……………………………………… 277

우○○ 님 떠나시는 날 …………………………………… 280

어느 부고 …………………………………………………… 282

아버지의 11주기 추도일 소감 ………………………… 284

메멘토 모리 Memento mori ……………………………… 285

신앙 -부활, 영원

고개 숙인 억새 …………………………………… 288

풋대 ……………………………………………… 290

인간현상 ………………………………………… 292

사도 바울Paul과의 동행 ………………………… 294

로마서Romans 읽기 ……………………………… 295

성경의 진리가 꽃길과 함께 …………………… 296

실족 그리고 위로 ……………………………… 298

성경에 대한 소고 ……………………………… 301

알파 & 오메가 ………………………………… 303

일상 나날의 부활 ……………………………… 304

참예배 …………………………………………… 306

가서 나를 위해 네 할 일을 하라 ……………… 307

예수 그리고 기독교 이야기 …………………… 309

샤르뎅의 '참생명' ……………………………… 311

인생의 황야 …………………………………… 313

종교는 쓸모 있는가 …………………………… 314

기독교, 예수의 흔적은 어디 있는가 ………… 316

자유로운 자 …………………………………… 318

맺는말 …………………………………………… 322

프롤로그

자연이라 한다
자연이 자연이기 위해선
그 안에 생명을 품고 있어야 한다
자연-생명이다

생명의 중심에 인간이 있다
그가 세상을 이룬다
시간이 흐르며 인간의 바벨탑 교만으로
세상은 혼탁해진다
신神은 탑을 허물어 인간을 한없이 추락시켰다
인간이 자유와 평화를 누리며
살아가길 원하기 때문이다
세상-자유, 평화다

그러나
세상에서 인간의 삶은 그 태생적 교만으로
언제나 부조리요 불합리다
그리하여 행복을 원하는 그의 삶은

오히려 견뎌 내야 하는 시련과 고난의 연속이 되었다
삶-견뎌 내기다

견뎌 내야만 하는 고단한 삶은
더불어 이겨 낼 무언가를 요要한다
나그네와 같은 삶의 길 그곳에
동행-나눔이 있다

또 하나 있으니
인간의 머리와 가슴-이성과 감성을
바르게 움직여 진화할 무엇
도道를 깨달아 스스로 즐기는
도락道樂-책, 식食, 문화다

모든 것은 흘러 지나감이다
다시는 돌이켜 보고 듣고 느낄 수 없는 것들
추억-흔적이다

추억, 흔적을 원동력으로
인간이 보다 자기다움을 추구하기 위한 것
고독-사유, 성찰이다

이윽고
피할 수 없는 생로병사 중
가장 두렵고 떨리는
마지막 한계상황과 인간은 마주한다
죽음이다
그러나…
죽음이 반드시 주검일 수만 없는 것은
차디찬 그 자리 한편에
말할 수 없는 따뜻한 소망이 있기 때문이다
죽음-소망이다

소망이란
새로 태어남born-again을 지향하는 부활이며
그 궁극이 영원임을 알 때
신앙이 된다
신앙-부활, 영원이다

아, 그래!
이게 답이야
질곡의 인생사의 마침표야!!

자연-생명

자연이라 한다
자연이 자연이기 위해선
그 안에 생명을 품고 있어야 한다
자연-생명이다

가을초록

 시절은 분별없고 위선으로 가득한 우리 인간답지 않게 참으로 선善하다. 끝이 보이지 않을 정도로 퍼붓던 폭우도, 온 하늘과 대지를 미친 듯이 달구던 폭염의 열기도, 가을의 전병前兵 입추가 지나 처서가 되니, 언제 그런 미친 광풍이 몰아쳤냐는 듯 순식간에 사라져 버렸다.
 북풍이 분다더니 열대야를 뚫고 새벽을 가르는 제법 선선한 바람이 풀어진 몸을 일깨운다. 먼 동녘 하늘에 무지개 같은 붉은 여명이 물들 무렵 집을 나선다. 얼마 되지 않아, 멀리 좌우로 늘어선 북한산맥의 봉峰들을 뒤로하고 여명에 붉어진 한강수水가 도도한 자태를 자랑하는 중에, 그를 벗 삼은 초록의 드넓은 생태공원(나는 이 공원을 '나의 정원'이라 부른다)이 눈앞에 펼쳐진다. 수많은 새 생명이 잉태되어 자라며 결실을 맺는 창조적 순환의 역사가 끊임없이 일구어지는 곳이다.
 초록의 바닷속으로 천천히 천천히 잦아든다. 이윽고 나 또한 초록이 되어 간다. 초록의 색도 가지각색이지만 걸음 하나하나에 또 다른 각각의 초록들이 넘실댄다. 빠른 걸음의 초록이 있고 천천한 걸음의 초록도 있다.
 이 시절의 초록이 각별히 귀하고 아름다운 것은, 꽃을 피우고 유혹의 향기를 내뿜던 열정과 도전과 응전의 초록을 지나며 수많은 영욕의 세월을 인내한 후, 이제는 마지막 결실을 향하여 무르익어 가는, 이름하여 가을초록이기 때문이다. 그래서 그런지 가을초록에는 눈부신 찬란함은 없으나, 고상하고 건강한 아름다움이 영글어 있다. 실체적 아름다움이란 눈 밖에 보이는 형상이 아니며 마음으로부터 비치는 내면의 영적 광선으로 인해 각인되는 형상이 아닌가 한다.

가을이다! 아름다운 인내의 결실을 보람 있게 품은 계절이 눈앞이다. 내면의 영적 광선이 비치는 아름답고 건강한 가을초록 속에서 나 또한 그런 인내의 결실을 품고자 한다.

8월이 가는 어느 휴일
김포골 '나의 정원'을 거닐며

비 오는 날의 수채화

어쩌다 보니 비 내리는 공원을 걷게 되었다. 오랜만에 제법 많은 양의 비가 내리니 인적 드문 공원의 온갖 초목들의 모습이 활기차고 명랑하다. 습지에 연(連)해 있어 늘 뿌연 물만 보이던 연못에는 팔뚝만 한 잉어들이 내리는 비를 환호하듯 물 밖으로 튀어 오르고, 연못을 가로질러 정원처럼 가지런히 꾸며진 풀밭에는 꿩 한 마리의 짝 찾는 요염한 소리가 울려 퍼진다. 잠시 검은 숲의 참나무 수림대로 건너가니 모내기를 끝내고 잔뜩 물을 머금은 수천 평의 낱알 들녘이 눈앞에 펼쳐지는데… 돌연 놀라운 광경이 순식간에 벌어졌다. 어디서 나타났는지 새끼 고라니 한 마리가 껑충껑충 그곳으로 뛰어든다. 김포골로 이사 온 지 수년. 거의 매일 공원에서 산책을 하지만, 오늘같이 이토록 희귀한 광경들은 처음 본다.

 비 오는 날이 주는 값진 선물인가…. 계절이 계절인지라 이 비가 그치면 진한 초록 생명들의 향연이 놀랍도록 오감을 자극하리라. '비 오는 날의 수채화'라는 노래가 있지만, 오늘의 광경 모두를 한 폭의 그림에 담아내면, 그야말로 유쾌한 비 오는 날의 수채화가 될 것이다.

6월의 토요일
비 오는 김포골 생태공원에서

세월유상 歲月有想

  한겨울 나던 기러기 떠난 곳에 시절의 첨병 산수유 꽃망울 터트리고, 순백의 근엄한 목련꽃 만개하며, 화려함을 연출하던 벚꽃잎 덧없이 바람에 흩날리더니, 이제는 수줍은 듯 은은한 매력의 조팝의 시절이다. 꽃잎의 모양이 튀긴 좁쌀처럼 보인다 하여 그 이름이 붙여졌단다.

  이미 마을 주변 여기저기 분홍색, 백색의 철쭉 그리고 진달래가 간간이 눈에 띈다. 곧이어 온갖 새들 뛰노는 진초록의 수목이 멋진 자태 자랑하며 세월의 성숙을 말해 주리라….

  이윽고 높고 푸른 창공 아래 대지는 갈색의 추색秋色이 되어 풍요로운 들녘의 곡식과 과식을 선사할 것이고….

  아! 흘러가는 세월이 단순히 무상無常만이 아닌 유상有想이기도 한 것은, 이렇듯 다변多變의 양식樣式들이 우리네 오감을 취醉하게 하며, 그 세월마다의 오묘한 상념을 가슴 깊이 심어 주니 말 그대로 세월유상歲月有想이 아닌가 한다….

4월 어느 날
김포골 생태공원에서

苦待春來·봄을 기다림

불과 수개월 전 늦가을, 수많은 황갈색의 낙엽들이 공원의 참나무 수림대를 온전히 덮고 있었다. 그리곤 얼마 지나지 않아 두터운 함박눈이 그곳을 순백의 천국으로 장식하더니, 어느덧 2월이 되니 그 밑동부터 봄의 준비가 한창이다. 그동안 그곳을 장식하고 있던 순백의 향연이 봄의 탄생을 위해 언동冬의 대지 아래 점차 사라지고, 그 자리에 포근한 초록 살결이 띄엄띄엄 빛을 돋운다. 수개월간 기러기들이 머물며 낟알 들판에 쏟아 냈던 배설물의 냄새가 오늘따라 한강변에 진동하긴 했으나, 그것이 곧 새 생명을 일구는 순환의 밑알이 될 것을 알므로 오히려 그 내음에 감사한 마음이 앞선다.

새 생명의 순환은 새 역사의 시작이다. 개인이나 사회나 인류 전체나 더 나아가 우주 전체의 역사까지도 늘 새 생명의 역사를 고대하고 있다. 그곳에는 죽음조차 무의미하다.

역사학자 에드워드 카Edward Hallett Carr[1]가 "현재는 끊임없는 과거와의 대화"라 하며, 그림자와도 같은 지난 역사의 끈질긴 연속선상에 놓인 '오늘'을 얘기하고 있듯이, 한겨울 매서운 언동凍의 역사를 머금은 봄동[2]의 상큼하고 사각사각한 맛이 이미 내도한 지금, 그 역사의 흔적과 교훈을 갈고 닦아 가슴 깊은 곳에 간직하고, 새 생명을

---

1) 20세기 영국의 정치학자이자 역사학자
2) 노지에서 겨울을 보내어, 속이 들지 못한 배추

향한 역사의 장을 또다시 새롭게 펼칠 일이다.

"생각 없는 자들은 어렴풋한 운명의 힘에
이리저리 떠밀리며 살아간다."

칼 바르트[3]의 말이 떠오르는 아침이다.

여전히 쌀쌀한 2월의 중순
김포골을 거닐며

---
3) 20세기 대표적인 스위스 신학자

마을 뒷산 길에서

여느 때처럼 마을 뒷산에 오르니, 평소에는 아무 생각 없이 딛던 흙길에 이름 모를 새싹들이 따사로운 봄볕을 쬐며 하늘을 향해 길게 목을 빼고 있다. 겨우내 그 길은 아무 것도 솟아오를 것 같지 않은 그저 무심한 흙길뿐이었는데, 그런 곳에 이토록 경외스러운 생명의 싹이 자라고 있었다니! 여전히 차가운 대지임에도 뿌리를 내리고 여리여리한 가슴에 어느덧 완연해진 봄기운을 가득 담아 경쾌하게 하늘로 뻗어 가고 있으니 참으로 대견스러운 것이다.

먹먹하고 답답한 세상사에 눌려 있는 내 가슴보다는, 그리고 트로이 목마와도 같은 요지경의 이 세상보다는, 동토의 추위를 담대하게 이겨 내고 미처 해동되지 않은 대지를 뚫고 움튼 이 작고 하찮은 생명에 하늘은 가장 먼저 봄의 은총을 선사하려나 보다.

3월의 어느 한가한 날
서울 화곡동 마을 뒷산을 걸으며

추동推動의 가을

또 다시 가을이다!

이마에 파인 주름처럼, 가슴속에 새겨진 추억의 매듭처럼, 영혼에 켜켜이 쌓인 테에 미지未知의 테 하나가 다시 둘러싼다. 하얀 허공에 수많은 생각의 그림 그렸다 지우고 또 그리고 지우고….

그러다 오늘! 그 생각 그림 끄집어내어 영혼의 알지 못할 테에 굳게 매어 본다. 더 이상 참을 수 없는 허공에만 존재케 할 수 없어….

실은 오늘 눈앞에 선 가을은 적어도 내게는 언제나처럼 다시 순환되어 돌아오는 그런 가을이 아닌 전혀 낯선 가을이어야 하기 때문이다. 낯설기는 하나 그러므로 오히려 사랑할 수 있는 그런 '가을'로서 추동推動하고자 함이다.

가을이 열리는 첫날
김포골 가는 열차에서

숲으로서의 하루

긴 숨으로 숲을 걸을 터이다. 긴~ 숨으로. 같은 숲인 듯 보이지 않던 다른 숲이 다가온다. 숲을 걸을 때 두 손바닥을 하늘로 향해 보라. 손바닥에 잦아드는 기묘한 기운을 느낄 수 있을뿐더러, 이전과는 전혀 다른 숲을 볼 수 있게 되리라. 새소리, 벌레 소리 그리고 바람 소리에만 귀를 열고 일체의 여타 소리에는 귀를 닫고, 오롯이 숨 멎을 듯한 침묵의 바다에 떠있는 고요를 떠올려 보라.

자주 찾는 숲이지만 찾을 때마다 새로움을 느끼게 된다. 계절이 깊어 갈수록 변화하는 모습도 모습이려니와, 변화에 따른 그때그때마다의 숲의 신선한 향기가 달리 흐르고 있기 때문이리라.

폐부에 깊숙이 젖어 드는 여름을 재촉하는 산들바람이 살랑살랑 나무 사이로 불어온다. 숲에서만 느낄 수 있는 한기조차 느끼게 됨이다. 그리고 비 온 뒤의 숲길, 은은히 온몸에 감기는 몽환적 숲의 내음…. 한참을 걷다 보니 어느새 숲이 저만치 뒤에 서 있다. 짧은 숨으로 다시 살아 내야 할 또 다른 일상의 시작이다.

봄이 지나는 한적한 주말
어디에나 있지만 또 어디에도 없는
김포골 모담숲에서

이제 가을이런가!

이제 가을이런가! 가을을 기다리는 마음에 화답하듯, 며칠 새 부쩍 시원한 바람이 살랑대고, 가녀리게 이는 잎새들이 가을의 풍미를 이곳저곳 나누고 있다. 이른 새벽에 일어나자마자 음료 등 간단한 준비와 더불어 집을 나선다. 어느새 인적 드문 숲길에 들어서자 은은히 코끝을 적시는 진한 숲 내음, 기지개 켜는 풀벌레, 새들의 하루를 찬양하는 합창 소리 등 아름다운 자연의 풍요로움이 가라앉은 영혼을 깨운다.

올 때마다 느끼는 것이지만 야트막한 높이의 이 개화산은 규모에 어울리지 않는, 우리의 사유를 보다 깊게 하는 볼거리가 제법 있다. 무엇보다 그 자락에는 6·25 때 전사한 수많은 젊은 영혼을 기리는 호국충혼위령비가 서 있다. 김포비행장을 바로 코앞에 두고 있는 개화산은 당시 전략적 가치가 높은 비행장을 지키기 위한 치열한 전쟁터였다. 이때 전사한 젊은이들이 1,100여 명에 달했단다. 수년째 이 산을 찾을 때마다 팻말만 달랑 꽂혀 있고 공사가 부진하더니, 오늘에서야 제대로 된 충혼비를 보게 된 것이다. 이런 일은 왜 그리 뭉그적거리는지….

산행을 하는 사람들에게 고즈넉하고 조용한 명상의 쉼터를 선사하는 마을 보호수樹가 있다. 이 쉼터는 통상의 산행 길에서 다소 벗어나 있어 마음의 여유를 갖지 못하고 지나치는 산행자에게는 눈에 잘 띄지 않아 나만의 평온한 쉼과 잠시의 여유를 즐기기에 참으로 안성맞춤인 곳이다. 또 다른 볼거리는 오랜 역사를 지닌 절인 약사사가 있다. 불심이 깊은 신도들은 한 번쯤은 가 볼 만한 곳이 아닌가 한다. 그 외에 봉홧불을 올렸던 봉수대(비록 예전의 모습은 아니겠지만), 그리고 저 멀리 한강과 좌우로 길게 늘어선 북한산맥까지 조망할 수 있는 전망대로서 개화산과 어깨한 치현산 자락의 아늑한 정자 치현정이 있고, 장애인들이 홀로 휠체어를 타고 숲을 다닐 수 있도록 배려한 무장애숲길이 특이하기도 하다. 이 가을을 부담 없이 느끼기에 족한 산이 아닌가 한다.

아, 가을이다. 하늘을 보니….

가슴에 와 닿는 바람의 숨결을 느끼니….

이제 우리의 가슴에 바싹 다가온 가을이야말로 역병과 세상의 어두움을 넘기 위한 탁월한 계절이요, 또한 홀로만의 산행에 맞춤인 계절이 아닌가 한다. 그렇다. 이제 나를 보다 더 사랑하자. 그럼으로써 스스로의 영혼을 진심으로 바라볼 수 있는 그런 시간으로 이 가을을 새롭게 창조해 보자.

어느 일요일
새벽 숲길에서

세월의 반半 고비에

 눈앞에 탁 트임은 없으나 어머니 품과 같은 아늑함과 넉넉함이 품어져 있는 둘레길이다. 약 7km에 이르는 3시간여의 긴 둘레의 숲을 감싸는 정적과 적막감이 일체의 상념들을 산산이 부숴 버리는 듯하다. 마치 예상치 못했던 바가 불현듯 눈앞에 펼쳐지며, 틀에 박힌 일상의 지루함과 무딤이 철저히 그 끝을 고告함과도 같다.
 오랜 시간을 살아도 모르고 지냈던 마을의 둘레길이 이토록 넓은 시공을 간직하고 있는 곳인지는 몰랐다. 서울 강서구 화곡동에 위치한 봉제산 둘레길이다. 불과 120여 미터의 작은 높이의 산으로 하늘로 솟는 호연지기는 없으나, 그 폭과 길이가 유족하니 일상의 모든 잡념을 품안에 보듬어 주는 듯하다. 그리고 새삼 느끼게 된⋯
 아!
 벌써
 진津초록의 계절이구나!
 그러므로
 벌써
 이 한 해도
 반半 고비가 넘었구나!

6월의 마지막 날
화곡동 봉제산 둘레길에서

생명 비, 봄비

  지난 밤새 내린 생명 비를 머금어 그런지 어제는 보지 못했던 산수유 꽃망울이 샛노랗게 피어오르고, 회양목 또한 힘찬 초록의 기운을 하늘 높이 뿜고 있는 듯하다. 나는 이 생명 비로 무엇을 피워 볼까. 산책길을 걸으며 생각에 잠겨 본다.

3월의 어느 목요일 아침
봄비가 멈춘 산책길을 걸으며, 서울에서

개화산 자락에서

  5호선을 타고 김포공항을 지나면 바로 그 다음 역이 방화동에 위치한 개화산역인데, 그곳에서 개화산 둘레길(강서둘레길)이 시작된다. 가을에나 불어야 될 성싶은 시절에 맞지 않은 선선한 바람과 푸르고 높은 하늘에 이끌려, 작은 배낭 둘러메고 이곳 개화산에 오르니 비록 야트막한 산이나 그 기개가 남다르다. 둘레길에는 휠체어를 이용하는 장애인들도 숲을 다닐 수 있게 배려해 둔 무장애숲길도 있다.

  하늘로 곧게 솟은 나무들의 잎 사이를 살포시 헤집고 들어와 수줍은 듯 숲길을 비추는 풍요로운 아침 햇살의 모습을 가슴에 담아본다. 영원한 내심의 평정이 선사하는 평화로움이 바로 이런 것이리라.

어느 한여름의 아침
개화산 무장애숲길 북카페 벤치에서

생명의 끈기

화사함이 온 거실에 가득하다
화사를 넘는 화사함이다
화사함이 넘치다 보니
곧 스러져 오히려 거실이 전보다
더 을씨년스럽게 되지는 않을까 했다
그것이 남긴 잔상으로…
그러나
뜻밖이다
생명에 이은 또 생명이다
생명의 끈기!
화려한 부활의 연속이다
이즈음
이 꽃, 호접란이 가슴에
한껏 부활의 소망을 붓고 있다

6월의 어느 날
김포골 작은 서재에서

청산도 靑山島

숨죽여 있는 듯하지만 속살에는 이미 새 생명의 꿈틀대는 고른 숨결이 대지를 뚫고 하늘에 뻗어 그 침묵의 소리가 들리는 듯하다. 고요한 아름다움이 이곳 청산도의 산과 들과 바다에 따사로운 볕을 머금은 채 아기자기 펼쳐져 있다.

여기 남쪽은 이미 성큼 봄이 온 듯하다. 남도 바다의 현란한 윤슬이 봄의 전령으로 육지의 산야에 기운을 일으켜 세우는 형세다. 성큼 봄이 온다 함이 새 생명의 세상 내놓음이긴 하지만, 또 다른 모습은 내 세월의 폭과 길이를 성큼 넓히는 모양새이기도 하다. 나이 듦의 빠름이 속도를 더하는 듯하니 어찌 시간을 잠시나마라도 멈출 수 있을까. 하 수상한 세월 속에 하 수상한 시간만을 속절없이 보내고 있다는 아린 마음이 가슴 한편에 머문다.

봄이 오는 시절
해남 청산도에서

세상 -자유, 평화

생명의 중심에 인간이 있다
그가 세상을 이룬다
시간이 흐르며 인간의 바벨탑
교만으로
세상은 혼탁해진다
신神은 탑을 허물어 인간을 한없이
추락시켰다
인간이 자유와 평화를 누리며
살아가길 원하기 때문이다
세상-자유, 평화다

세상의 눈

"out of sight, out of mind."
(눈에서 멀어지면, 마음도 멀어진다.)

이는 세상의 눈이 세상을 보는 모습이다. 곧 만고의 진리라 한다.

"more in sight, more out of mind."
(눈에 보이면 보일수록, 마음은 더 멀어진다.)

하 수상한 시대인지라, 이 또한 여느 눈이 세상을 보는 진리의 모습일 수 있다. 세상의 눈이 이처럼 다름에 진심 감사하다!

어느 5월의 토요일
김포골 작은 서재에서

화창한 봄날을 뒤로하고

 근래 이 나라 미래 역사에 대한 무겁고 우려스러운 예감이 뇌리를 스치는 것은, 그동안 온 나라를 소란케 한 문제의 중심이 좌냐, 우냐 혹은 종북주사파인가의 이념 문제만은 아니라는 사실을 감지해서이다.
 어느 편이 이겼느냐 졌느냐의 문제가 전혀 아니라는 얘기다. 얼마 전까지만 해도 이 나라의 미래에 대한 우려가 단지 그런 이념에만 근거하고 있는 줄 착각하고 있었다는 것이다.
 얘기인즉, 이 나라 국민의 상당수가 윤리, 도덕의 심각한 타락을 넘어, 그보다 훨씬 더 두려운 결과를 초래할 수 있는 인간 근원의 마지막 보루인 양심에 있어서 이미 심각한 병적 마비 증세에 달해 있다는 나름의 확실한 판단 때문이다.
 그럼으로써 이 나라 미래의 지속 가능할 것에 대한 매우 어둡고 음울한 그림자가 땅 저변에 보다 광범위하게 깔려 있다는 사실이요 현실이다.
 이 병을 치유하기도 쉽지는 않겠지만, 적어도 치유 전까지의 상당 기간은 이 나라 미래의 정상적인 역사 존속이 쉽지 않겠다는 느낌에 스산하기까지 하다.
 화창한 봄날이 한창인 이곳 김포골 공원에는 수다한 생명들이 화려했던 꽃의 시절을 이미 저만치 놓아둔 채, 또다시 미래의 젊은 생명을 잉태하기 위한 저마다의 삶에 분주하건만, 내 마음이 그 분주함을 따라가지 못함이 못내 안타깝다.

천하흥망필부유책 天下興亡匹夫-婦-有責
세상 흥망의 책임은 결국 그 국민의 몫이란다.

5월 화창한 봄날
김포골 생태공원을 거닐며

유토피아utopia?

잠을 안 자도 잔 듯
식食을 취取하지 않아도 취한 듯
오감을 느끼지 않아도 느낀 듯

애써 일하지 않아도 일한 듯
누구를 만나지 않아도 만난 듯
열정이 없어도 있는 듯
성취가 없어도 있는 듯
고통과 염려가 있어도 없는 듯
돈이 없어도 있는 듯

결국
착하지 않아도 착한 듯
미워도 밉지 않은 듯
사랑이 없어도 있는 듯
…
그게
유토피아utopia?

디스토피아distopia?

4월의 마지막 날
김포골 작은 서재에서

기러기는 떠났다. 그러나…

　기러기가 떠났다. 불과 며칠 전만 해도 넓은 들판 그리고 철책과 어깨를 나란히 한 한강 하구의 모래톱에 겹겹이 쌓여 있다시피 했던 수만 마리의 기러기가 소리 소문도 없이 일시에 사라졌다. 엊그제만 해도 몇몇 가족 무리라도 띄엄띄엄 들판에서 졸고 있었는데, 오늘은 단 한 마리도 보이지 않는다. 떠난 자리가 그저 황량하고 황망하기까지 하다.
　기러기는 떠났다. 그러나 그들이 남긴 들판의 퇴적된 결과물은 조만간 쌀이라는 새 생명의 밑거름이 될 것이며, 추수할 즈음에는 다시 이 들녘을 찾아와 또 새로운 생명을 이어 갈 것을 생각하니, 대자연의 촘촘하고 끈질기며 위대한 관계망에 경외감은 물론 감사함까지 느껴진다.

　논픽션(사실)nonfiction과 픽션(허구)fiction의 차이는 이성과 감성의 차이, 곧 이성적 감동과 감성적 감정, 좀 더 그 의미를 확장하면 경건과 쾌락의 차이만큼이나 크다.
　〈건국전쟁〉, 영어 원제 〈The Birth of Korea대한민국의 탄생〉를 '건국전쟁'으로 표한 것은, 한반도에 자유민주주의 국가를 세우기 위한 이승만의 평생에 걸친 길고도 외로운 검은 세력들과의 투쟁의 역사가 전쟁과도 같기 때문일 것이다. 이 영화는 이승만에 대한 논픽션 영화로서 그를 미화하기 위한 영화는 결코 아니며, 실은 그의 과거 자리에서의 현재적 사실 그대로의 모습을 보여 주기 위한 영화이다. 당시 한 치 앞도 내다볼 수 없었던 파란波瀾한 세계 역사의 격랑 속에서, 사실과 진실의 역사를 수십 년 앞서 선견하고 예언한 순수하고 숭고한 한 인간의 모습을 민낯으로 보여 준 영화다.

그러므로 이 영화는 쾌락 뒤에 그저 잔상으로 잠시 남아 있을 뿐인 감성적 감정이 아닌, 그의 사후 60여 년이 지난 오늘까지도 우리 머리와 가슴 구석구석을 후벼 파는 이성적 감동이 있는 것이다.

이승만은 떠났다. 그러나 그가 살아생전 기독교인으로서 몸을 살라 보여 준 일관되고 숭고한 애국심은, 먼 길 떠난 기러기가 선사한 새 생명의 밑거름 이상 이 나라의 영원한 미래를 위한 흔들리지 않는 반석이 될 것이다.

한편, 참으로 아이러니하고 한탄할 일은, 그런 그의 애국심이 그에게 호의호식을 주었다기보다는, 오히려 검은 세력들에 의한 날조된 괴담, 비설, 음모 등으로 인해 험악한 고난과 역경으로 점철된 세월만을 안겨 주었을 뿐이었다는 사실이다. 그로 인해 그는 죽어서야 고국에 돌아왔으며, 그의 일생의 염원에도 불구하고 이 나라는 독립 80여 년이 지난 오늘까지도 여전히 어둠의 세력과 치열한 전쟁을 계속하고 있음이다.

며칠 전 한 상영관에서 영화가 끝난 뒤 한 중학생이 일어나, 그동안 학교 선생님들이 "이승만은 개만도 못한 놈이라 욕을 했는데, 오늘 보니 선생님들이 무척 잘못된 역사를 가르치신 것 아닌가 하고,

오늘 우리가 이렇게 자유롭고 풍요로운 일상을 살 수 있는 기초를 이승만 건국 대통령께서 놓으셨다는 확신이 들었다."라는 어른 같은, 아니 어른 이상의 철든 생각을 들으며 나름 안도의 한숨을 쉴 수 있었다.

 이 어린 학생의 말 이외에 무슨 말을 더 할 수 있을까? 그릇된 지난 세월에 말할 수 없는 회한이 가슴을 저민다….

2월이 지는 기러기 떠난 날
김포골을 거닐며

이제는 되었다!

   산업화 30년. 민주화 30년. 이제는 되었다! 더 이상의 공방은 자충수일 뿐이다. 서로에 대한 비난도 이젠 아무런 의미조차 없다. 한 시대의 종언終焉이요, 그와 함께 등장한 새 시대, 새 세대의 바른 길이다. 진정으로 이 나라의 미래를 사랑하는 자는 이제 새 시대의 전면에 모두 나서라. 동시에 지금까지의 구시대 정치꾼들 모두는 조용히 종언의 막 뒤로 영원히 퇴장하라. 당신들이 이 새 시대의 새 막에 오르는 건 어불성설이요, 나라를 더욱 망치는 패역무도의 길이기 때문이다.

   오직 '자식들의 풍요로운 미래를 위하여'라는 한 가지 희망, 일상과도 같은 굶주린 배를 움켜쥔 우리를 인종차별이 만연한 잘사는 나라(서양)와 전장의 화염 속(베트남 전쟁)과 영상 50도가 넘는 불타는 사막의 열기 속(중동 땅)으로 내몰았다. 그리고 이루었다! 자식들의 풍요로운 오늘을! 그리고 자유와 민주화를 향한 모두의 열망은 희생의 피를 흘리며 단 하나의 고귀한 목숨마저 던질 만큼 치열했고, 그것을 위하여 우리는 일상을 버리고 골목으로 길거리로 쏟아져 나왔다. 그리고 이루었다! 자식들을 위한 자유와 민주화를!

   이제는 되었다! 다시는 예전으로 돌아가지 말자. 그리고 이제 서로 감싸며 살아가자.

어느 선거가 끝난 날
서울의 한편에서

관점의 이성적 이해

　19세기 말 운명적으로 형성된 이 나라의 좌우 이데올로기 이념 대립은 36년간의 일제강점기와 6·25로 인한 남북분단으로 더욱 심화되었다. 그 후 거의 80여 년의 세월이 흘러 세 번의 세대가 바뀐 오늘까지도 사라지기는커녕 오히려 더욱 왜곡, 변질되어 극단의 양극을 지속하고 있는 형국이다.
　이때에, 순진한 건지 순수한 건지 공상적空想的 사회주의와 공상적 자유민주주의 사고가 세상 한구석에 동시에 존재하고 있다는 것에 다소 의아함이 있었다.
　오랜만에 벗들과의 모임이 있었는바, 위와 같은 사고를 소유한 벗들이 있는 것을 알고, 비록 공상적이긴 하나 그러한 사고들이 극단의 양극을 점차 완화시켜 줄 수도 있지 않을까 하는 내심의 바람이 있었다.

기러기 맴도는 김포골 들녘에서

반지성주의

오래전 지인이신 모 박사와의 대화에서 그분이 하신 말씀이 생각나 이곳에 올립니다.

"반지성주의反知性主義는 지성 자체에 대한 반대가 아니라
지성이 권위와 유착되고
세습특권계급의 독점 소유물이 되는 데 대한 반대이다."

오늘날 이 나라뿐 아니라 역사상 존재했던 우리네 인간 전체에 대한 얘기가 아닌가 한다. 근본이 근본을 알아보고 근원이 근원을 존중하는 세상을 이루는 것이 그저 이상적인 것으로만 여겨질 뿐인가?

늦은 귀가에 오르며
김포 Gold Line 열차에서

적어도 분명한 것

 나는 소위 얘기하는 진보도 보수도 아니다. 굳이 보수니 진보니 하며 시대에 뒤떨어지고 낡아 빠진 어휘로 세상 일을 구분할 것이 아니다. 적어도 분명한 건, 세상을 어둠에서 광명으로 나아가게 하는 것 모두가 진보요 또 보수이다.
 또 하나 분명한 건, 개혁은 고요 속에서 이루어진다는 사실이다. 세상을 뒤엎는 태풍의 눈처럼 고요한 곳은 없다. 시민에게는 태풍의 눈이 보여 주는 것과 같은 무서운 고요의 인내가 요구된다. 두서도 없는 주변의 선동적 행태들에 대한 침묵적 무시로 고요의 무서움을 보여 주어야 한다. 역사란 주변의 어떠한 격동의 파고 속에서도 그저 덤덤히 소리 없이 흘러가는 그러나 무섭도록 공의公義로운 도도한 물결이기 때문이다. 우리 모두 그걸 믿자. 나 자신을 위해 또 후손을 위해!

어느덧 토요일 아침
김포골 작은 서재에서

언어 그리고 새 시대의 지평

　미국 출생의 재레드 다이아몬드Jared Diamond(1937~현재)[4]는, 인간을 동물과 확연히 구분 짓는 주요한 특징으로 언어, 예술, 기술, 농업을 내세운다. 특히 언어는 그 언어를 사용하는 공동체의 문화를 형성하는 가장 핵심적 요소이며 문화 그 자체라고도 할 수 있으며, 인류 역사의 진보적 발전의 근간을 이루는 원동력이다. 여기 그의 언어의 기원에 관한 얘기를 들어 본다.

　"우리가 어떻게 독특한 인간이 되었는가를 이해하는 데 있어서 언어의 기원은 가장 중요한 열쇠이다. 인간은 언어로 다른 어떤 동물보다 정확하게 의사를 전달할 수 있다. 언어 덕택에 우리는 협동해서 계획을 세우고 서로 가르치며 과거에 경험한 것을 배울 수 있다. 또 마음속을 정확하게 표현할 수 있으며, 다른 어떤 동물보다 효과적으로 정보를 처리할 수 있다…(중략)…인간의 언어와 동물의 음성 사이에는 다리를 놓을 수 없을 만큼 넓은 강이 흐른다…"[5]

　이러한 언어가 비단 위의 설명과 같은 의사 전달, 경험 축적, 정보

---

[4] 《총 균 쇠》,《제3의 침팬지》 등 세계적 베스트셀러의 저자이자 세계 100인의 거대 석학 중 1인이며, 퓰리처상 및 영국 과학출판상 등을 수상한 케임브리지 대학 생리학 박사
[5] 재레드 다이아몬드,《제3의 침팬지》, 문학사상, 2021, p219-220

처리 등의 피상적 중요성 외에 보다 우리의 관심을 끄는 이유는, 언어가 가지는 인간의 영혼 그리고 사랑과의 떼려야 뗄 수 없는 밀접한 관련 때문이다.[6] 인간의 삶이 여타 생물들과 크게 다름은, 인간을 실질적으로 지배하고 스스로를 돌아볼 수 있는 감성과 이성 그리고 무엇과도 비할 수 없는 영성靈性이, 존재의 가없는 깊은 바닥에서 흐르고 있기 때문이다. 이 바닥에 침묵적 언어와 그로써 비롯한 영혼 그리고 사랑이 도도하게 흐르고 있음이다.

지난 수년 동안 세상을 휩쓸던 공포스러운 역병과, 더불어 우리 시민의 마음을 혼돈과 혼란의 도가니 속으로 몰아넣었던 어두운 불통과 대립 그리고 갈등의 역사가 이제 그 끝을 고告하고, 대지가 어느덧 진초록의 숲으로 차오르는 시절이 새로운 시대의 도래를 알리고 있다. 이제 정상正常의 언어로써 불통의 자물쇠를 풀고, 영혼 깊숙이 울리는 사랑으로 대립과 갈등의 앙금을 정화시켜 나아갈 때가 되었다. 그리하여 나라나 개인이나 모두 이 시대 역사의 새로운 지평을 제대로 펼쳐 볼 일이다.

정상의 언어가 작동하는 세상을 고대하며
김포골 작은 서재에서

---

6) 언어가 없는 동물에는 영혼이나 사랑이 존재하지 않는다.

벗어던질 때이다

　처연하고 서글픈 느낌이라기보다는 오히려 홀가분하고 깔끔하며 담백한 느낌마저 든다. 가을이 막바지 정점으로 치닫는 초겨울의 문턱, 숲을 거닐며 여느 시절 같으면 그 반대로 느꼈을 자연으로부터의 감흥이 참으로 기묘하고 뜻밖이다.
　나날의 변화가 진정 무쌍한 계절의 흐름이다. 날이 갈수록 속살을 훤히 드러내며 황혼의 누런빛을 띠어 가는 숲을 보며, 보통 느끼던 황량함, 아쉬움 등 그런 안타까움이 아닌 오히려 보다 명쾌하고 가뿐하며 깨끗한 기분이 든다는 얘기다.
　우리가 벗을 때 숲은 입고 우리가 입을 때 숲이 벗는 것이 자연의 순리요 순환 고리이듯, 이에 따라 서글프거나 홀가분하거나 우리네 감흥도 함께함이 마땅한 줄 아나, 어찌된 영문인지 오늘은 역주행을 하고 있으니, 연유가 무엇일까?
　지난 오랜 시간 우리 삶의 깊고 폭넓은 곳까지 말할 수 없는 고통과 회복하기 어려운 상처를 입혀 온 역병인 중국 폐렴과 추악한 권력의 소유자들로 인하여, 무의지적, 무조건적으로 시민 모두가 고스란히 껴입게 된 겹겹의 분노와 불안 등을, 이 초겨울의 숲이 그렇듯이 멍울진 가슴에서 하나씩하나씩 벗어 던질 때이기 때문이리라. 때에, 세계 최고의 자살률과 최저의 출산율을 심히 자랑(?)하는 오늘날이 나라에서, 살기 위한 몸부림의 시간이 아닌 태생적 인간다움으로 살아갈 세월이, 인생 후반에 서 있는 우리 노년들은 물론 여타 모든 세대들에게도 펼쳐지길 기원한다.

어느 늦가을의 주말
김포골 숲길을 거닐며

생각이 흐르는 숲

 이른 아침 숲길을 거닐며 느끼는 것은, 숲은 전광석화와 같은 순간적 찰나의 시간에 오만가지 생각들을 떠오르게 하는 영적인 곳이 아닌가 하는 것이다. 불과 일주일 전만 해도 밟을 만한 낙엽다운 낙엽이 그리 흔치 않았었는데, 오늘은 놀랍게도 엄청난 가을 낙엽이 숲길을 제대로 판별할 수 없을 정도로 뒤덮고 있다. 고소하기까지 한 사각사각한 소리 하나하나에 수많은 생각의 편린片鱗들이 뇌리를 스친다. 새벽 숲의 온 기운을 폐부 깊숙이 들이켜며, 눈앞에 펼쳐 있는 낙엽 모두를 껴안아 본다.
 자유의 삶이란 무엇이며 어떠한 삶인가? 떠오르는 수많은 생각 중에 이런 생각이 주된 주제로 뇌리 속에 자리한다. 오늘 새벽 산책 가기 전 시청한 Nat. Geo(내셔널지오그래픽) 방송에서의 영국인 〈마이클 팰린의 북한여행〉이라는 프로그램과 아울러 10여 년 전 북한의 3대 도시 중 하나인 개성시와 개성공단을 방문했던 생생한 기억이 그 단초가 된 것 같다.
 당시 개성시를 관광하며 나와 함께한 3~40여 명의 모든 남한 사람들은 하나같이 눈물을 흘리며, 북한 동포들의 비참한 삶의 모습에 아연해하며 할 말을 잃었었다. 불과 10년 전의 얘기다. 그리고 그 후 오늘에 이르기까지 그곳이 나아졌다는 얘기는 듣지 못했다. 그래도 그곳이 북한의 3대 도시 중 하나라는데. 전체주의적 이념만이 모든 일상 구석구석까지 스며들어 개인의 자유란 존재조차 할 수 없는 곳이라는 생각을 지금까지도 떨칠 수가 없다.

  베트남의 위대한 영웅이자 민족주의자인 호치민의 평전을 읽은 적이 있다. 그는 열렬한 공산주의자요 사회주의자였지만, 그에게 이념이나 계급투쟁보다 우선이었던 것은 그의 조국 베트남의 독립과 통일이었다. 그것이 악명 높은 레닌이나 스탈린, 마오쩌둥과는 결이 달라도 너무도 다른 점이다. 베트남 사람 누구나 평등하게 대접 받고, 자유롭게 자신의 삶을 누릴 수 있는 사회를 만들어 내는 일이 그에게는 중요했으며, 그것을 위하여 목숨을 걸고 평생을 싸웠다. 자유를 위한 투쟁이었다.

  무심히 깊어만 가는 가을, 자유민주주의와 평화의 참된 가치를 추구할 것인가 아닌가 하는 이 나라 미래의 향방을 가를 대통령 선거가 시작되었다. 호치민과 같은 영웅은 언감생심, 그리고 하늘을 우러러 한 점 부끄럼 없는 사람은 바라지도 바랄 수도 없지만, 적어도 보통 사람으로서의 양심과 상식을 지닌, 그러므로 벌건 대낮에 대국민 거짓말이나 사기극을 취하지 않을 지극히 평범한 우리 시민 중 한 사람이 새로운 미래를 열어 주었으면 한다.

무심히 깊어만 가는 가을
김포골 새벽 숲에서

코로나Covid 유감有感

  토요일 한낮 더위에 재생 쓰레기를 버리려고 엘리베이터를 급히 타다 보니 그놈의 마스크 쓰는 걸 잊었다. 잠시 후 대여섯 명의 가족들이 들어오더니 한 아줌마가 마스크 쓰지 않은 나를 보며 왈, "엄마, 엄마! 빨리 마스크 써요! 애들아, 니들두 빨리 마스크 써! 이런 데서 마스크 쓰지 않으면 큰일 나, 큰일 나! (뭔 그리 큰일이 나는 줄은 모르겠으나) 이런 데서 마스크 쓰지 않으면 예의가 아닌데… ㅉㅉ… 어제 내가 백화점 갔었는데 마스크 쓰지 않은 사람이 있어서 멀리 피해 갔거든. 뭐 그런 사람이 다 있어." 1층에 다다를 때까지 거의 20여 초가량을 혼자서 비명(?)과도 같은 째지는 목소리로 노no 마스크인 내게 떠들어 대고 있었다. 듣다 듣다 같잖아서 "아줌마, 이런 데서 마스크 쓰지 않은 것보다 더 큰일이 뭔지 아세요? 아줌마처럼 큰 소리로 떠드는 거예요. 마스크 밖으로 침 튀어 나오겠어요." 내 바로 옆에 서서 급하게 마스크조차 쓰지 못하던 그 어머니(할머니) 왈, "이분 말씀이 옳으신 거 같다. 얘…."

                              별의별 인간이 사는 서울의 한 공간에서

광화문광장 유감 有感

　내리쬐는 뙤약볕을 온몸에 안고 광화문광장을 거닐었다. 수개월 전 광장의 함성은 어느덧 코로나19 covid로 사라진 지 오래고, 여기저기 소규모 시위 몇몇만이 예전 함성을 대신하고 있었다. 오래된 지난 세월의 자취를 더듬어 걷는 것은 언제나 왠지 모를 아쉬움을 남긴다. 오로지 쓸데없고 무익한 흔적만을 남겨서일까. 그럴 수 있다. 아무런 뜻도, 의미도 존재하지 않을 수 있다.
　반십 년이 넘는 세월이 지나 이제는 우리 모두의 가슴에 회오의 한恨만으로 새겨도 될 '세월호'! 그것을 기린다는 천막의 겉모습은 이스라엘 성서 시대의 성막을 흉내 낸 듯하나, 그 속은 이미 더러운 권력과 이기적 심성의 추악한 자들이 쏟아 낸 토사물로 가득한 채, 시민들의 귀중한 세월만을 갉아먹으며 부끄러움도 모르고 여전히 위무도 당당하게 이 광장에 버티고 서 있으니, 그곳에 과연 예전의 함성이, 오늘의 시위가 얘기하려는 뜻이, 의미가 드러날 수 있으랴!

"우리는 금수로 돌아갈 수 있다.
그러나 만약 인간으로 남기를 원한다면,
오직 하나의 길이 있을 뿐이다.
그것은 '열린사회'로의 길이다."

20세기 위대한 지성, 칼 포퍼karl R. Popper가 저서 《열린사회와 그 적들》에서 외친 이 말이, 자기 발등에 도끼 찍어 옴짝달싹 못 한 채, 서둘러 공포스러운 미몽의 늪으로 빠져들고 있는 이 나라의 음습하고 음울한 상황을 향한 진중한 경고의 메시지임을 안다.

추악하고 힘 있는 자의 소유만을 허락하는 이 광장 바닥에 속절없는 7월의 뙤약볕만이 쏟아지고 있었다.

아스팔트를 달구는 뜨거운 7월의 날
서울 광화문광장에서

나서서 가야 할 곳, 4월 15일 수요일

　오는 둥 마는 둥 한 봄이지만, 그나마 나이 들어 흐릿한 눈 저 멀리 속히 사라질까, 계절답지 않은 이른 아침 쌀쌀한 바람에 힘없이 땅에 뒹구는 벚꽃의 무참한 잔해나마 아쉬운 마음으로 바라본다. 마뜩잖은 마음이지만 안 그런 척 내일 아침 일찍 나서야겠다. 이번만은 나서서 꼭 가야 할 곳으로. 어찌됐든 한 걸음이라도 뛰어 봐야 하니….

4월 총선 디데이(D-day) 하루 전날
서울 작은 서재에서

전환

　일상의 피로감이 육신을 잡고 운동길 대신 집길로 이끌고 가니 컨디션이 말이 아니다. 일상이라는 말대로 그렇고 그런 날들이 근사한 그림을 주기는커녕 그저 하루하루 때워 가는 무미한 순응의 시간만이라는 생각에 이르러서는, 다소 먹먹하기도 하고 제대로 산다는 것이 도대체 어떤 것인가 하는 해답 없는 의문만이 속절없이 가슴속에 쌓인다.
　이편저편을 통틀어 그 밥에 그 나물이요 미래를 향한 비전은커녕 썩어 가는 고인 시궁창 같은 한심스러운 정치 지형에 일단의 지각 변동이 일어났다. 지각 변동을 일으킨 자의 나이에 대해 이러쿵저러쿵하나 나이가 무슨 대수인가? 나폴레옹은 30대의 나이에 세계 정복의 대업을 이루었으며, 악성樂聖 베토벤 또한 30대 중반의 나이에 인류 음악사에 길이 남을 교향곡 '영웅'과 '운명' 등을 만들었다. 그 나이가 세상을 두루 꿰뚫어 알기에는 충분하지 않을 수는 있으나, 주변 세상사를 제대로 판단할 수 있는 명민함과 용기와 열정을 지니기에는 매우 적합한 나이가 아닌가 한다. 썩은 내 나는 시궁창에서 흐느적거리는 나이 든 정치꾼 꼰대들에 비해서는….
　물론 어떤 일이나 그렇듯이 내적 사고가 외부 양식을 지배할진대, 그 사고의 마그마가 요동쳐 바닥을 뒤집지 않으면 찻잔 속 태풍에 지나지 않을 수도 있을 것이고 기대가 크면 실망도 크다지만, 그럼에도 오늘날 이 나라의 지긋지긋한 정치 현상의 패러다임(틀)을 바꾸어 놓은 것만으로도 새 시대를 향한 지평을 확장한 것으로 평할 수 있지 않을까 한다.

바꿈이 답이다. 단순한 전환이 아닌 근본적인 바닥의 틀이 달라져야 함이다. 자신의 '무미한 일상의 틀'로부터의 탈출을 위해서라도, 또한 수준 이하의 정치꾼들 덕(?)에 최악의 나락으로 떨어져 가는 나라를 건져 내기 위해서라도 그 틀의 대전환이 절실히 요구되는 때이다.

6월의 어느 날
김포골 작은 서재에서

빼앗긴 들에도 봄은 오는가
- 이상화 1926 그리고 2020

지금은 '남의 땅' - 빼앗긴 들에도 봄은 오는가

나는 온 몸에 햇살을 받고
푸른 하늘 푸른 들이 맞붙은 곳으로
가르마 같은 논길을 따라 꿈 속을 가듯 걸어만 간다.

입술을 다문 하늘아 들아
내 맘에는 나 혼자 온 것 같지를 않구나
네가 끌었느냐 누가 부르더냐 답답워라 말을 해 다오.

…

내 손에 호미를 쥐여 다오
살찐 젖가슴과 같은 부드러운 이 흙을
발목이 시도록 밟아도 보고 좋은 땀조차 흘리고 싶다.

…

나는 온 몸에 풋내를 띠고
푸른 웃음 푸른 설움이 어우러진 사이로

다리를 절며 하루를 걷는다 아마도 봄 신령이 지폈나 보다.

그러나 지금은 - 들을 빼앗겨 봄조차 빼앗기겠네.

1926년 6월, 시인 이상화[7]는 일제로부터 나라를 빼앗긴 분노와 설움으로 동인지 《개벽》에 이 저항시를 발표한다. 당시 대부분의 시들이 난삽한 한자 어휘를 사용하고 있는 데 반해 이 시의 언어가 순 우리글로 구사되고 있는 것은, 저항 의식을 보다 극대화하기 위함이었으리라 생각한다.

100여 년의 시공을 둔 오늘. 언제부턴가 시민들의 일상에서 수많은 가치들이 유린되고 뒤집어지고 무너지기 시작하더니, 이젠 그 정도가 정점으로 치닫고 있다는 느낌을 지울 수 없다. 뭔가 분명히 집히기는 하나 아직은 흐릿한 그러나 그 '흐릿한 무엇'이 조금씩조금씩 아주 많은 것들을 시민들에게서 빼앗아 가고 있다는 생각을 떨칠 수가 없다는 말이다. 봄이 오다만 오늘, 이 자리에서 묻고 싶다.

"지금은 낯선 땅 - 우리가 한 번도 경험해 보지 못한 나라, 이 신천지에서
지난 수년간 우리가 알지 못한 사이
철저하게 유린되고 찢겨져 허망해진 우리의 영혼과 가슴에도
정작 봄은 오고 있는가?"

화곡동 우장산 둘레길을 걸으며
봄이 오는 길목의 막힌 모퉁이에서

---

7) 이상화(李相和): 1901~1943, 시인

출근길

보통 이 시간대는 몹시 복잡해서
서로 부딪히며 걸어가던 길
버~ 얼써 잔가지 마디마디마다
움트는 생명의 소리 들리건만
여전히 온몸에 부딪는 서늘한 바람은 무언가
코비드$_{covid}$의 음울한 아침을 헤치고
따스한 봄은 정녕코 언제 오려나….

금요일 오전 8시 40분
출근길에서

열린사회와 그 적들 The Open Society and Its Enemies
- 칼 포퍼 Karl R. Popper 저

격동의 오랜 세월을 온몸으로 채워 온 한 사람으로서 지난 시대를 이렇게 부르고자 한다. 반공, 반독재 투쟁의 제1시대, 자유·민주 쟁취를 위한 제2시대, 이도 저도 아닌 휴지 시대(이명박, 박근혜), 그 후 좌편향의 사회·전체주의로 거침없이 질주하고 있는 작금의 시대를 제3시대로.

그래도 제1시대에서 제2시대를 거쳐 휴지 시대까지는 점진적으로 진화해 온 '열린사회'를 향한 시대의 연속이었다고 생각한다. 그러나 제3시대에 이르러서는 다수 국민의 선택과 지지라는 명목하에 '닫힌사회 the closed society'로 거침없이 질주하고 있음을 깊은 우려의 눈과 마음으로 바라보며, 칼 포퍼의 본 저서를 큰 관심을 갖고 읽어 본다.

시대정신을 꿰뚫는 자는 예언자이다. 이러한 예언자가 요긴한 시대건만, 오히려 지난 19세기, 20세기에 오늘날 21세기의 시대정신을 꿰뚫어 보는 위대한 영웅들이 있었다. 칼 포퍼와 같은 위대한 지성들이, 위대한 정신들이.

"우리는 금수로 돌아갈 수 있다.
그러나 만약 인간으로 남기를 원한다면,

오직 하나의 길이 있을 뿐이다.
그것은 열린사회로의 길이다.
전체주의에 대립되는 개인주의의 사회이며…
개인의 자유와 권리가 확보된 사회이며…
이때 자유란 다수와 의견을 달리하고 자기 자신의 길을 갈 수 있는 인간
진보의 원천으로서의 자유이며,
권리란 자신의 지배자를 비판할 수 있는 권리로서 규정된다."
- 칼 포퍼의 《열린사회와 그 적들The Open Society and Its Enemies》 -

서울의 서재에서

중국

- 장자제張家界

　무엇이든 크고 높고 넓고 신기함과 신비함으로 가득한, 여지없이 중국이라는 것을 다시 한번 실감한 장자제 여행이다. 눈의 긴장을 풀 수 없을 정도로 끊임없이 이어지는 코스마다 펼쳐지는 장대하고도 유려한 풍광과 편안한 관광을 위해 잘 다듬어진 세계문화유산으로서의 수많은 곳들, 무엇보다 심산유곡의 청아한 공기를 듬뿍 마시며 걷는 길이 얼마나 상쾌하고 싱그러운 느낌을 주는지 모른다.
　그러나 주변 세상을 듣고 바라볼 아무런 수단과 방법이 없다. 카톡 불능, 유튜브 불능 등, 온통 불능뿐이다. 육신의 숨은 쉴 수 있으나 영혼의 숨은 허락되지 않는 어둠의 땅. 그곳 또한 중국이다.

9월 어느 날
중국 장자제에서

회칠한 무덤의 자리

광화문 광장으로 쏟아져 나온 수많은 시민들! 그 함성!!
그것은 차라리 신神의 음성을 듣는 기도였다. 또한 하늘의 징계에 대한 우리 자신의 참회 기도였다.
기도는 첫째, 하늘의 음성을 듣는 것이다. '나'의 얘기를 하늘에 드림이 아니다. 둘째, 고개를 땅으로 떨구고 참담한 회개를 하는 것이다. 자신에 대한 상상 이상의 참담에 곡성조차 밖으로 뱉지 못하고, 그저 가슴 깊은 곳으로 삼켜 들이는 것이다. 비통한 슬픔이 그 슬픔을 이기지 못하여 삼켜 드는 곡성이다.
도대체 무언가? 오늘 이 자리에 서 있는 '나(우리)'란 존재는? 민주주의는 민의의 총체이다. 그 총체의 결과에 서 있는 자는 다름 아닌 바로 '나(우리) 자신'이다. 내가 나를 이토록 참담하게 만들었다. 하늘로부터의 징계가 필요함이요, 삼키는 곡성과 더불어 깊은 참회가 있어야 할 이유이다.
저 인왕산 자락 청와青瓦에 자리하고 있는 자가 먼저 하늘의 뜻으로 땅으로 내려와야겠지만, '나(우리)' 또한 함께 내려와야 함도 하늘의 뜻이요 명령이다. 그 청와의 자리는 천상이 아니요 그저 인왕산 자락 밑바닥에 걸쳐 있는 '회칠한 무덤의 자리'일 뿐임을, 작금에 있는 자나 앞으로 그곳에 가고자 열망하는 자들이나 분명히 알아야 할 일이다. 그리고 '나(우리)'는 땅을 위한 외침보다는 다시 한번 하늘을 향한 귀를 더욱 심도 있게 열어야 할 때이다.

10월의 어느 날
어두운 가을의 하늘 아래에서

교리

 세상이 진화하면 교리도 진화해야 함을 이곳 중동 땅에서 본다. 이곳에서는 시민의 진정한 자유란 없다. 북한North Korea과는 또 다른 곳이다. 이곳은 보이지 않는, 아니 드러나지 않은 교활하고 음모적인 전제專制 정치가 시민 모두를 숨 막히게 하고 있는 곳이다. 이곳에서 보이는 모든 것은 허상이며 허구다. 블랙골드(석유)가 만들어 놓은 거짓 존재일 뿐이다. 진화하지 않는 교리敎理가 그 근본적 원인이다.
 참 웃기는 나라다.

9월 어느 날
중동 땅에서

중동의 라마단과 이중성

이슬람교에서의 라마단은 금식 기간(해가 떠 있을 동안)이다. 그러나 금식을 통해 몸과 마음을 닦기는커녕 이 기간이 끝나고 나면 고도 비만 인구가 더 는다는데(지금도 전체 성인 인구의 거의 40% 이상이 고도 비만), 이유인즉, 해가 떠 있는 낮에는 음식 섭취를 하지 않으나 해가 지는 저녁이 되면 허기로 인하여 보통 때보다 훨씬 더 많은 음식을 인스턴트 음료와 함께 취(取)하기 때문이란다.

우리나라 사람들이 성격이 급하고 화를 잘 낸다고 하지만, 이곳 중동 사람들에 비하면 아무것도 아니다. 이들의 급하고 불같이 화내는 성격과 타국인을 얕잡아 보는 교만은 블랙 골드(석유)를 무한정 보유하고 있다는 어리석은 생각에서 비롯되는 듯한데 역겨움까지 느껴진다. 교만함의 또 다른 면은, 중동의 모든 국가들이 워낙 덥고 햇볕이 강렬하니 많은 사람들이 누구나 차창에 검은색 선팅을 하는데, 자국민은 내버려두고 외국인이 하는 건 불법이라며 적발되면 벌금을 물리는 참으로 한심한 짓을 한다는 것이다. '석유로 돈은 벌었지만 의식은 근대적 합리성을 익히지 못한 중세인들'로밖에 보이지 않는다.

이런 의미에서, 중동의 어느 국가도 세계를 이끌어 갈 리더는 결코 될 수 없음을 확신한다. 이곳의 경우는 여타의 중동 국가들에 비해 그 정도가 더욱 낮은 수준인 듯하다.

건기가 한창인 6월
쿠웨이트에서

미혹의 갈림길

요즘 어느 한 정당의 대표를 뽑는 전당대회를 앞두고 그쪽을 지지하는 시민들의 관심이 점차 고조되는 듯하다.

새 술은 새 부대에 담으라는 명언은 성경의 말씀이다. 인류사에 성경보다 오래되고 권위 있는 책은 없다.

오늘을 오늘로서 지속하려는 자는 새 시대를 만들 수 없다. 오늘을 뛰어 넘어 내일을 향하는 자라야 새 시대의 새 역사를 쓸 수 있다. 새 술을 새 부대에 담으려는 자, 그가 영웅이다.

인류사에 위대한 발전적 변곡을 가져온, 19세기 말 독일의 철혈鐵血 재상宰相 비스마르크Bismarck가 그런 영웅이었고, 20세기 중반 영국의 윈스턴 처칠Winston Churchill 또한 그런 영웅이었다.

민심의 65% 지지를 받는다고 떠드는 자들의 정당이 행하는 꼴과 그 자들을 지지하는 상당수의 시민이 존재하는 한, 적어도 이 나라의 앞으로 10여 년 이상은 평안의 세월을 담보할 수 없음이 분명하다.

'오늘'을 감연히 뛰어 넘어설 수 있는 자, 곧 새 시대의 새 역사를 쓸 우리의 영웅이 누구인가를 우리 시민들은 냉철하고 현명하게 판단해야 한다.

'진보'가 늘 진보의 것이라 떠드는 자들만의 몫이 아님을, 보수라는 자들이 분명히 보여 줄 당위가 요구되는 갈림길과도 같은 미혹迷惑의 시대다.

진정한 진보만이 진정한 보수이며
진정한 보수만이 진정한 진보임을
우리 시민은 알아야 한다.

                                       7월 어느 주말
                             김포골 둘레길을 걸으며

인간의 연緣

　예수는 자신의 육肉이 난 고향 나사렛에서조차 배척을 받았다. 그리고 그곳서 성년에 이를 때까지 아버지 요셉을 따라 목수로서의 삶을 살았다.

　그의 나이 겨우 10여 세에 부모를 따라 예루살렘으로 올라가던 중 부모와 떨어지게 되었고, 자식을 잃어버렸다는 생각에 부모인 요셉과 마리아는 미친 듯이 여기저기 수소문하며 그를 찾아다녔다. 상당한 시간이 흘러 예수를 발견하였으니 그는 당시 유대인들의 교회라 할 수 있는 시나고그synagogue 곧 회당會堂에서 랍비Rabbi(유대교의 율법학자)들과 토론을 하고 있었다. 어머니 마리아는 분노 반 반가운 마음 반으로 예수를 불렀으나, 겨우 10여 세에 불과한 예수는 어머니 마리아에게 말한다.

"여자여 내가 여기 있나이다
이곳이 나의 아버지 집이나이다"

　가족의 연緣도 이러하거늘, 여타 주변 이웃과의 연이야말로 어떤 특수한 상황하下에서는 분명히 선을 그을 필요가 있다.
　하물며, 정치 연緣이야…….
　정치는 생물이어서 흘러가는 것인데 그 흐름의 어디에서 변곡을 만나 요동칠지 누가 예단할 수 있는가?

　인연이란 것이 중요하지 않다는 것이 아니요, 그 관계가 소의小義(개인의 의)를 넘어 대의大義에 관한 것으로서, 두 개의 의義가 충돌하는 피할 수 없는 상황이라면, 대의를 택할 일이요, 그것이 공의요 정의요 공정이다.

　그곳에서 시대의 영웅이 탄생하는 것이요, 역사의 발전적 변화의 창조가 있는 것이다.

　　　　　　　　　　　　　　　　　　열풍이 부는 7월의 날
　　　　　　　　　　　　　　오늘따라 조용한 김포 골드라인 전철에서

광란의 이념

 사람 사는 세상 곳곳이 아귀다툼의 지옥 아닌 곳이 없다. 사람과 세상 모든 것을 파멸시키는 공포스러운 살상 무기가 하늘과 땅을 오가며 진토 속에 수많은 죽음을 파묻고… 낡고 철 지난 이념이 인간 근원의 상식과 양심에 反하여 사투를 벌이며 광란의 행각을 벌이고 있다. 더 나아가 그로써 시민과 시민 사이의 반목과 질시, 무시와 모독과 경멸이 서로의 가슴에 회복하지 못할 깊은 상처를 입히고…. 이런저런 생각에 갑갑하고 무거운 마음을 이끌며 마을 숲길을 걷는다.

봄은 고개를 내밀고 있으나
여전히 서늘한 숲을 거닐며

삶-견뎌 내기

그러나
세상에서 인간의 삶은 그 태생적
교만으로
언제나 부조리요 불합리다
그리하여 행복을 원하는 그의 삶은
오히려 견뎌내야 하는 시련과 고난의
연속이 되었다
삶-견뎌 내기다

걷는 길에서

지금!
인생의 좌표 어디에 서 있는가보다는
지금!
무슨 생각을 하고 있는가가 더 중요하다

삶의 마지막 승리를 위하여
항상 자신을 비판하고 성찰하라
그리고
항상 겸손하고 냉철하라

당장 내일 세상 모두가 너를 잊을지라도!

더위의 출발에 선 6월
김포골에서

축적의 시간

 이정동 교수(서울대 공과대학)의 《축적의 시간》이라는 책이 생각납니다. 시간의 축적 없이는 그 어떤 사물의 '오늘의 양식樣式'은 없다는 겁니다. 조금씩조금씩 '시간의 만듦'들이 축적되어 이루어진 것들이라는 겁니다. 그 시간은 그저 '죽여진' 시간이 아닌 시간의 주인이 고통과 열정으로 훈련하고 연습하며 실험한 결과로서의 시간이라는 겁니다.
 지나간 시간 모두가 그저 무의미하게 역사의 뒤안길로 사라지는 건 아니라는 것이지요. 모든 삶, 모든 사물의 오늘의 양식이란 그러한 시간이 가져다준 스케일-업scale-up된 지난한 과정의 결과물이라는 겁니다.

> "어떤 시간의 흐름이 남긴 흔적은
> 기억이라는 넋의 위로를 통하여
> 나의 의식으로 되돌아오기도 하고,
> 추억이라는 낭만으로
> 지금 이 시간 내 마음을 다시금 설레게도 하고,
> 깊은 악몽의 구렁텅이로 몰아넣기도 한다."

어떤 분이 말씀하시더군요…….

이해도 벌써 60여 일이 지난 어느 토요일
서울에서

기러기와 낙상홍과 산수유

 행복은 찰나적 환희다. 마치 나방이 불을 향해 뛰어들 때의 환각과 같은 순간적 느낌일 뿐이다. 그럼에도 불구하고 이러한 행복을 꾸준히 느끼고자 하는 것은 그저 인간의 그릇된 욕망이라 할 수밖에 없다. 행복 속에서는 행복을 느낄 수 없다. 행복은 불행과 고통이 수반하는 고난 속에서 담금질 된 정금正金과 같은 것이기 때문이다. 고난 속의 행복이야말로 진정한 행복이다. 중요한 건 그런 행복 또한 찰나적이요 순간적이라는 것이다.
 목적 없는 삶에 무슨 즐거움이, 행복이 있을까? 진정한 행복은 그 삶에 목적이 있어야 한다. 불행과 고통 속에서도 끊임없이 목적을 향해 견뎌 나아가는 과정을 거치면서 가슴 밑바닥을 울리는 바의 행복이 있다면, 그런 행복이야말로 지속 가능성이 있다고 할 수 있다. 결국 그 목적의 궁극이 죽음이 될 때 우리네 인생은 장엄한 행복의 절정에 설 수 있다.
 이른 새벽 김포골 공원을 쏘다니다 보니 어느덧 따스한 햇살이 비치는 아침이 되었다. 여전히 쌀쌀하긴 하나 봄기운이 익어 가는 바람 부는 날, 낙상홍의 붉은 열매가 두드러지게 열렸고 산수유 또한 노란 생명꽃을 피우기 위한 탐스러운 봉우리에 전념하고 있다. 더불어 거의 4개월의 풍요로운 찬 바람, 찬 서리를 즐기던 수만 마리의 기러기 또한 멀고 먼 여정 준비에 분주하다.

"지금 나는 어떤 목적이 있는가?"란 질문은 곧 "나의 진실한 행복은 어디에 있는가?"라는 것과 맥을 함께 할 수 있다. 머지않아 본향을 향한 수천 km의 대장정에 오를 기러기, 생명의 봄을 가장 먼저 채색하려는 낙상홍과 산수유의 싹틈이 우리네 인간에게 건넬 '참행복'일 수도 있겠다는 생각을 해 본다.

2월 금요일
김포골 공원 따사로운 벤치에서

생존 증명

아기의 울음은 고통이다
아기의 울음은 슬픔이다
아기의 울음은 몸부림이다
아기의 울음은
결국
생존이다

노인의 울음도 고통이다
노인의 울음도 슬픔이다
노인의 울음도 몸부림이다
노인의 울음 또한
결국
생존이다

아기의 울음은
현재의 미래지만
노인의 울음은

미래의 영원이다

봄의 날
인간 군상(群像) 가운데서

세상살이

옥수수, 콩나물
끼니 때우던
우리 태어날 그때
누구나 60 장수
고대하더니…

언젠가
불현듯
100 장수
쉬이 환호하던
그 세월
엊그제인데

그래~
어찌 세상 흘러가는
빠름도
아는 듯 모르는 듯
잊은 채
늙은이나 자식이나

100에 미쳐 좋아 죽더니

아~
어느덧
자식이
지 부모 오래 견디는 걸
눈 삐죽이, 입 삐죽이
야릇한 세상 되어 버렸다

제기랄
이제 난
언제 가야 되냐

가을비 추적이는 월요일 오후
어느 장례식장에서

오늘

새벽녘에 바라본
오늘은
살아 낼 이유와 가치가
넘치는
그날

그 앞에 펼쳐진
미지未知 세계를 향한
바람으로 인하여

새벽녘 산책을 나서며
김포골에서

사는 일이라는 게

 사는 일이라는 게 좀체 그저 지나가는 게 없는 듯하다. 어쩐지 사는 게 좀 조용하다 싶더니, 푸르고 마른 하늘에 느닷없이 벼락 치고 눈비 내리듯, 고요하고 평온하던 일상을 흔들어 대는 일이 생각지도 않게 일어난다.
 얼마 전 다소 늦은 귀가 중에 돌부리에 걸려 넘어져 눈썹 바로 옆에 예닐곱 바늘을 꿰매었다. 그 얼마 후 치과에 스케일링을 하러 갔더니 수십 년간 수없이 보고도 얘기하지 않던 사랑니를 발치하고 꿰매는 게 저작咀嚼[8]에 유익하리라는 의사의 느닷없는 권유가 있었다. 이로 인하여 거의 2주일 이상을 머리도 제대로 감지 못하고 먹고 씹는 일에도 괴로운 시간을 보내자니 사는 게 사는 것 같지 않다는 얘기다. 게다가 그로 인해 그리 즐기던 술 한 잔 하지 못하는 나날이다 보니 실망은 이루 말할 수 없다.
 우리 인생에는 이런 자잘한 일뿐 아니라 삶 전체를 바꿀 수도 있는 수많은 사건들이 언제나 상존하거늘, 그렇다 하여 늘 긴장 상태로 지낼 수도 없을뿐더러 그럴 필요도 없음을 알 때에, 평소 자신만의 방법을 통하여 정신과 육신의 평정을 유지하려는 노력이 긴요함을 깨닫게 되는 듯하다.

어느 금요일 오후
김포골 작은 서재에서

---

8) 음식을 입에 넣고 씹음

병상 유감有感

12월의 첫눈이 내리고 급강하한 날씨가 매서운 겨울바람을 천지간에 뿌려 대던 날, 칼바람을 고스란히 온몸에 껴안고 병원까지 30여 분을 걷는다. 얼마 전 종합검진 결과 나타난 제법 큰 대장 내의 용종을 제거하는 시술을 어느 한 대학병원에서 받기 위해서다.

입원 당일이 휴일 저녁이라 그런지 병동 전체가 고요하다. 창밖에 보이는 공항대로의 찬란한 네온사인과 물결처럼 흘러가는 수많은 차량의 긴 헤드라이트 행렬이 아니면, 깊은 오지 산중의 절간이라 해도 될 정적이 깊숙이 가라앉아 있는 것이다. 나는 이런 고요함을 좋아한다. 홀로 있는 것을 참으로 즐기는 자이다. 아니 누구인들 이런 고요가 전하는 아늑함을 즐기지 않겠는가.

비록 낯설기만 한 환자복을 입고 팔뚝 여러 곳에 주삿바늘을 꽂은 채, 하루 종일 먹고 자는 일의 단순한 일상이지만, 평소 찌든 먼지 속에 쌓인 도심의 복잡한 일상을 견뎌 내는 것에서 벗어나, 가끔이나마 이런 단순무구한 날을 보내는 것도 요긴한 듯하다.

귀국한 후부터 바쁘지도 아닌 잡다한 일들이 괜스레 일상을 여러모로 흩트려 놓아, 제대로 된 일 하나 없으니 느닷없는 후회가 몰려온다.

어느덧 2주 후면 올해의 세밑도 어김없이 다가오고, 모든 이들이 전투와도 같았던 지난해를 돌아보며, 다가올 새해에는 적어도 지금

보다는 밝음 속으로 나아가리라는 나름의 기대로 또 다른 여명의 꿈을 꿀 것이다. 나 자신이라고 예외가 될 수 있으랴. 오는 해에는 보다 고요한 정적 속에서 단순하지만 특별한 일상을 지내 볼 야무진 기대와 꿈을 꾸려 한다. 다행히 용종 외에는 모든 게 정상이라는 의사의 소견이 있었다.

한 해가 떠나는 세밑 오후
서울 어느 한 대학병원 병상에서

시련이 문을 두드릴 때

  기나긴 삶의 여정에 어찌 시련이 없겠는가. 아니 진정한 평화와 평온이란 인생에 결코 존재하지 않으며, 오히려 우리 삶은 언제나 시련과의 투쟁 속에 던져져 있다고 할 수 있다. 그러므로 시련은 피한다고 사라질 것이 아니다. 마치 자기 그림자가 보기 싫다고 발로 지워 없이하려고 애쓰는 무지함과 같기 때문이다.

  또한 시련은 열정과 분노만으로 이길 수 있는 만만한 것이 아니므로, 그것에 무모하게 대적해 싸운다고 해결될 일도 아니다. 그러나 지피지기백전불태知彼知己百戰不殆라 한다. 곧 시련이 무엇인가를 알면 그것에 대처하는 법을 깨달을 수 있을 것이다.

  시련이란 것이 애벌레가 단단한 껍질을 깨는 고통스러운 과정을 거쳐 나비가 되어 날아오르듯이, 영육의 담금질을 거쳐 부활하는 지난한 과정인 것을 깨닫게 될 때 이미 그는 시련을 넘어선 것이다.

  미증유未曾有한 원인불명의 역병이 창궐하여 전 인류가 하나같이 심적, 육적 시련에 처해 있는 때에, 성경에서의 예수의 부활이 자연스레 떠오름이 전혀 우연이 아님을 안다.

11월의 주말
김포골 작은 서재를 정리하며

이젠 '작은 영웅'이고 싶다

여전히 싸늘한 북풍이 여린 꽃잎을 희롱하는 시절이긴 하나, 이미 벚꽃이 피고 진 자리에 분홍과 흰색의 탐스러운 철쭉, 그리고 형형색색의 이름 모를 자그마한 꽃들이 거목 아래 나지막이 자리 잡고 저마다의 교교한 자태를 뽐내고 있다.

거의 2개월에 걸쳐 이놈의 질병으로 인한 일터의 공백을 메우느라 안 하던 노동을 하려니, 그나마 해 오던 마을에서의 산책조차 못하게 되어 주변의 이런 변화를 전혀 눈치채지 못하였다. 오늘은 큰 맘 먹고 마을 산책길을 따라 걸으며, 이모로 저모로 알지 못했던 계절의 조용한 변화를 눈과 가슴으로 흔쾌히 보고 느끼게 된 것이다.

멀리 웅장한 대자연의 산에 반드시 오를 것도 없다. 지근거리에 있는 주변의 소소한 자연에서도 얼마든지 그것이 우리에게 선사하는 위대한 변화의 심도를 쉬이 깨달을 수 있다. 대자연이 주는 웅장함도 볼만하지만, 우리 인생에는 이러한 소자연이 주는 즐거움 또한 그에 못지않으리라 본다.

이 짧은 인생에 대자연의 웅장함 같은 무슨 큰 영화榮華를 누리려 쓸데없이 분수에 넘치는 언행으로 인생을 망치려 드는가. 이제 육신으로나 마음으로나 정신적으로나 영적으로나, 큰 것보다는 작은 것, 많은 것보다는 적은 것, 높은 곳보다는 낮은 곳을 향하리라. 못된 심성으로 인한 삶의 곤고하고 단단한 껍데기를 감연히 부숴 버리고,

아브락사스Abraxas[9]를 넘어 존재하는 초월의 완전한 신을 향한 여정을 딛고자 한다. 그리고는 토머스 칼라일Thomas Carlyle[10]의 '작은 영웅'이고 싶다. 그리 많지 않게 주어진 나만의 시간 속에서.

서울의 작은 서재에서

---

9) 그리스 헬레니즘 시대, 불완전한 이 세상의 지배자로서 완전한 세계에 대한 매개자
10) 토머스 칼라일(Thomas Carlyle): 19세기 영국의 역사가, 문인, 빅토리아 시대 영국 지성계의 거두. 칼라일의 '영웅'은 소수의 특출 난 지도자만을 의미하지 않는다. 영웅은 '성실한 사람'을 의미하므로 누구에게나 영웅이 될 수 있는 길이 열려 있다. 영웅적 지도자가 추종자를 얻기 위해서는 성실성과 영웅을 알아보는 안목을 지닌 수많은 작은 영웅들이 있어야만 한다. 칼라일의 말을 들어 보자면, 영웅들로 가득 찬 세계(a whole World of Heroes)에서 비로소 진정한 영웅숭배도 가능하다.(토머스 칼라일, 《영웅숭배론》, 박상익 역, 한길사, 2003, p17-18)

낯선 그러나 원하는 길 가는 자식에게

　아기 새가 어느덧 청년 새가 되어 따뜻하고 안전한 어미의 품을 떠나 험난한 대자연으로 자신의 길을 홀연히 떠나는 것과 같이, 인간 또한 육과 정신이 온전히 성장하여 부모의 곁을 떠나 대자연과 같은 낯선 사회로 감연히 발을 내딛음도, 하늘이 인간에게 부여한 당연한 섭리로서 지극히 자연스러운 세상 이치이다.
　인생에는 위대하고 엄숙한 세 번의 자리바꿈이 있다. 첫 번째는 세상 가운데로의 섭리적 태어남이요, 두 번째는 너희와 같은 청춘 남녀가 아주 우연히 그러나 아름다운 인연으로 서로 만나 낯설지만 스스로가 원하는 삶의 길로 나아가는 그런 자리바꿈이요, 마지막 세 번째는 세상으로부터 영원히 떠나는 자리바꿈이다. 태어남과 떠남이 가장 근원적이고도 대단히 중요한 사건이긴 하지만, 내 생각에는 이 두 번째야말로 인생에 있어 최대의 사건이 아닌가 한다. 그 이유는 태어남과 떠남은 우리의 의지와는 전혀 관계없이 일어나는 사건이지만, 두 남녀의 합일슴-인 결혼이야말로 서로의 진지하고 굳은 나름의 의지가 없으면 일어날 수 없는, 그야말로 참 생명이 꿈틀거리는 인간 의지의 대사건이기 때문이다.
　인생 전체도 그렇지만 특히 결혼 후의 생애야말로 그러한 의지의 실험이 끊임없이 이어지는 도전과 개척의 위대한 여정이기 때문에, 나는 가장 유의미하며 중대한 사건이라 생각하는 것이다.

그러나 이 대사건을 맞이해서 유감스럽게도 네게 해 줄 말도, 해 줄 수 있는 것도 없다. 오직 오늘에 이르기까지 그것이 귀하든 하찮은 것이든 부모로부터 네가 보고 느낀 모든 것, 그것뿐이다.

얘야, 네가 이제껏 가다듬어 왔던 의지대로 그리고 너의 뜻대로 용기 있게 앞을 향해 떠나라! 나아가라! 이 세상 한가운데로… 그리하여 너만의 아니 너와 함께하는 사람과 전 생애를 통해 원하는 바를 반드시 이루어 나가길 바란다. 그리고 그것이 반드시 이루어질 수 있다고 믿어라. 믿음은 믿는 그 순간 이미 이루어진 것이기 때문이다. 끝으로 무엇보다 이제까지 무탈하게 잘 커 주어 고맙다.

모: 우재영
부: 전희채로부터

2019년 11월 23일 토요일
오후 3시에

재주껏, 꼬락서니대로 산다는 것

　미세먼지가 있다 하여 나설까 말까 하다가 길을 나섰다. 말면 아무것도 없지만 나서면 작은 뭐라도 얻을 수 있다는 생각에서다. 얼마 전 개화산 정상 아래로 수많은 계단으로 이어진 묘한 분위기의 숲길에 우연히 접어들면서 알게 된 곳인데, 오늘은 그곳을 제대로 다시 가 봐야겠다는 생각이 불현듯 떠오른 것이다. 서울 강서구에 위치한 개화산 자락에서 시작되는 강서습지생태공원이다.
　나이가 드니 주변에서 흔히 얘기하기를 남은 인생 편하게 살려면 마음에 가지고 있는 걸 내려놓으라 한다. 그 얘기인 즉, 조금이라도 마음속에 담아 둔 욕심을 가능한 한 버리라는 얘기겠지만, 그게 사람으로서 가능한 일인가. 욕심을 버려 더 이상 욕심이 없어진 인간이 과연 사람 같은 사람일 수 있을까. 욕심은 열정이다. 인간을 가장 인간답게 만드는 가장 원초적 원동력이다.
　이런 저런 생각으로 강서습지생태공원을 한참 걷다 보니, 어느덧 한강 변 자전거 길과 나란히 한 긴 보행 길이다. 쌀쌀하기까지 한 강바람을 맞으며 여의도에 이르기까지 약 20여 킬로미터의 먼 길을 걸었다. 어느덧 막연했던 생각의 구름이 걷히고 궂고 답답했던 미세먼지도 사라지니, 멀리 강 건너 북한산맥의 많은 봉우리들이 선명한 자태를 표연飄然히 드러내고 있다. 그려… 욕심을 버린다는 건 어려운 얘기고, 재주껏, 꼬락서니대로 사는 게 답이다.

11월의 쌀쌀한 강바람을 맞으며
서울 한강 변에서

어느 맑은 날에

  미세먼지 때문에 숨 쉬기도 힘들었던 수일數日들이 느닷없는 무서운 기세의 장맛비에 쓸려 가더니, 오늘은 모처럼 활짝 열린 하늘의 푸르른 공기 방울들이, 연둣빛 여린 잎사귀에 달려 땅으로 떨어지기 아쉬운 듯 매달려 있다. 때에, 파란波瀾의 험악한 젊은 세월을 살아 내고 이제 중년의 자리에 이르러 평온의 삶에 서 있는 듯하나, 어찌 하면 그 속에서 자신도 모르는 사이 슬며시 스러져 버릴 '삶을 위한 삶에의 열망'을 새삼 다시 일으켜 세우려는 고민이 있어야겠다는 생각이 떠오른다. 마치 꺼져 있는 재 속의 어렴풋한 불씨를 살리려는 것같이.
  사업에 쫓기다 결국에는 영어囹圄의 몸이 된 벗의 면회를 갔다. 그의 이름 대신 수인囚人 번호가 전자 게시판에 표시되며 호명되었다. 저게 뭔가? 몇 년 만에 보는 벗의 이름 대신 번호라니…. 오랜 수인 생활인지라 좋지 않은 모습을 상상하며 면회실로 들어갔으나, 오히려 나를 염려하는 벗의 미소 띤 밝은 얼굴이 반기는 것 아닌가!
  "성경 요약을 마무리해야겠어. 나가면 할 일이 많겠어…."
  그 진정한 속이야 어찌 감히 예단할 수 있겠냐마는, 겉으로 드러난 그의 '삶을 위한 삶에의 열망'에 기쁜 마음으로 그를 뒤로하였다.
  도스토옙스키가 일평생 그토록 사랑했던 '삶을 위한 삶에의 열망'을 더욱 온전히 태워 내야 할 불씨가 이제야말로 내게도 진정으로 요구될 때가 아닌가 한다. 이러한 고민을 새삼 일깨어 주듯 불씨와도 같은 생명의 기운이 주변을 하얗게 덮고 있는 듯하다. 지금은 그저 옅은 불씨에 지나지 않지만 시간이 갈수록 높고 깊게 그리고 넓게 타오를 그 의미가 창대한 불씨가 되지 않으면 안 될 터이다.

이제 남아 있는지 없는지 잘은 모르겠으나, 후~ 혹 불어 그 불씨가 조금이라도 있나 살펴보고, 있다면 살려 봐야 되지 않겠나 싶다. 이 한 해도 벌써 반$ 세월이 지나고 있다.

더위가 시작되는 7월의 토요일
서울에서

육신, 마음 그리고 영혼의 자유로움

13세기 이탈리아의 시인이자 철학자인 《단테의 신곡La Divina Commedia》〈지옥편〉 제1곡은 다음과 같은 시로 시작된다.

"칠십 길 사람 목숨 반 고비에,
올바른 길 잃은 나는,
어느 어스름한 숲속에서 나 자신을 발견하였노라"

똑똑똑똑~ 칼이 도마와 만나 만들어 내는 명쾌한 느낌의 하모니(화음). 그야말로 칼의 노래다. 날카로운 칼의 노래가 여러 해의 시간 속에 유폐되어 있던 메마른 삶에 다시 머리 들어 하늘을 바라보게 할 촉촉한 현실감을 불어넣어 주고 있다. 이제껏 살아오는 동안 자신의 먹거리를 스스로의 손으로 만들어 먹어 본 적이 없는 지극히 편안한 삶을 살아왔는데 이제 이 모든 것을 스스로 해 봐야겠다는 강렬한 욕구가 있지 않으면 안 되었다. 아니 그보다는 이제까지 살아온 모양과는 전혀 다른 낯선 양식의 삶을 살아가야겠다는 지난 인생에 대한 성찰의 결과일 것이다.

'50 플러스의 길'을 넘어 '60 플러스의 길'을 돌아 단테가 얘기한 '칠십으로의 길'을 향해 달음질치던 이때에, 돌연 "올바른 길 잃은 나는, 어느 어스름한 숲속에 서 있는 나 자신을 발견하였다." 살기 위해 해야 할 모든 것들이 갑자기 멈추고 주변의 모든 것들에 섞이지 못한 채, 시간의 흐름에 반응할 수 없는 존재로서 어느 날 갑자기 서서히 사라져 버리지는 않을까 하는 막연한 두려움과 불안감이 든 것이다.

낯선 외국 생활에서 작은 몸뚱이 하나 어찌할 수 없는 삶의 자리에 내던지고, 그저 열정(?)이라는 언어 하나에 전신을 던지고 살아온 세월이 수많은 해인데…. 이러한 달림이 갑자기 정지해 버리려는 것이다. 어제와는 사뭇 달라진 주변을 에워싸는 침묵의 그림자, 그리고 앞을 가로막는 어스름한 터널. 한동안 그 자리에 빈 머리로 서 있었다….

작은 빛이 보였다. 아주 작은 빛이… 그 어둠의 터널 어딘가를 뚫고 비추는 희미하긴 하나 분명한 한 줄기의 빛이 있었다.

장년이 넘은 나이, 이 어스름한 숲속에 있는 자신에 스스로가 들려줄 수 있는 얘기가 무엇인가를 깨닫게 하는 그런 빛이었다. 서울에서 자식이 어렵사리 보내 준 이메일로 보게 된 모 방송국의 〈다큐멘터리 3일〉에서 우연히 서울시50플러스 캠퍼스를 방영한 내용을 보게 된 것이다. 그것이 다시 머리 들어 하늘을 바라보게 한 잊지 못할 계기가 되었다.

똑똑똑똑~ 칼과 도마와 브런치 요리와의 만남이었다. 칼의 노래와의 합창이었다. "주말 브런치 요리 강좌". 평소 이런 곳에는 몹시 낯설어 다가가고 싶지 않았는데, 어쩐 일인지 당당하게 그 강좌의 문을 열고 들어섰다. 그리고는 8주간의 브런치 요리 강좌가 살같이 지나갔다. 강좌에 함께한 수강생 중 가장 연장자인 어느 분으로부터의 말씀이다.

"내 큰애가 며느리 대신 부엌에 잠시라도 서 있는 모습이 늘 보기 좋지 않았는데 이제는 나도 부엌에 들어서는 게 별로 낯설지가 않더군요, 하하~"

애당초 뭔가를 꼭 이루어야 되겠다는 생각이 있었던 건 아니었다. 그저 내가 이제까지와는 달라질 수밖에 없는, 앞으로의 낯선 삶의 모양에 조금이라도 덜 이방인은 되지 않겠다는 결의에서부터였다는 게 사실일 게다.

움직여 시도되지 아니하면 그 어떤 위대한 생각도 쓰레기일 뿐이다. 일단 딛게 된 한 걸음은 또 다른 진화된 걸음으로 인도된다.

8주 만에 아쉬움을 남기고 끝난 브런치 요리 강좌가 이끌어 간 그 다음은, "한국어 튜터tutor 되기"였다. 사전 심사와 면접을 거친 후, 외국인 학생들에게 한국어 교육과 더불어 우리의 국어와 생활 및 문화 등을 가르치는 프로그램이다. 여러 해 동안 해외에서 외국인들과 이웃하며 사용해 왔던 외국어(영어)를 귀국한 후 이렇게 외국인들을 상대로 다시 사용하게 될 줄은 상상도 하지 못했다. 2개월여의 프로그램이 끝나고 만난 것은 "베토벤 인문학, 치유와 희망의 메시지"[11] 라는 강좌였다. 곧 인문학과 클래식이 결합된 렉쳐 콘서트Lecture Concert라 할 수 있다. 베토벤이 겪은 삶의 고통과 그 고통을 극복하는 과정이 고스란히 담긴 그의 교향곡을 오케스트라 영상으로 감상

---

11) 나성인 감독/앙상블 무지카미아 기획·감독

하며, 각 교향곡 속에 담긴 음악사적, 문화사적 의미를 쉽고 재미있게 해설하고 또 뮤지션들이 교향곡을 연주하는 음악회도 직접 찾아가는 프로그램이다. 이것이야말로 이제까지의 나의 인생에서 전혀 낯선 새로운 세계 곧 신세계와의 조우遭遇이다. 죽음과도 같은 시련과 고통스러운 삶의 위기에 맞서 이에 굴하지 아니하고 오히려 이를 넘어 삶의 지평을 더욱 깊고 넓게 함으로서 위대한 생애를 살았던 베토벤의 치열했던 모습을 음악을 통하여 보게 된 것이다.

모든 것을 지배하며 '죽음' 이외에 일체의 다른 어떤 것도 용납하지 아니하고 모든 것을 삼켜 버리는 크로노스cronos(필멸하는 시간)의 '운명', 그것조차 극복하려는 베토벤의 음악을 본 것이다. 아니, 그보다는 잘못된 절대적 권위의 억압과 압제로부터의 자유를 위한 저항, 투쟁에 더욱 커다란 가치를 두며 치열하게 살았던 그의 위대한 삶의 모습을 '나성인 감독'의 탁월한 해설을 통하여 잘 알 수 있다.

오랜 해외 생활로부터 고국에 돌아온 지 비록 3개월여의 짧은 시간이었지만, '브런치 요리'를 통해서는 고단했던 육신의 평안함을, '한국어 튜터 되기'를 통해서는 완고했던 마음의 위로를, 그리고 '베토벤 인문학'을 통해서는 여려진 영혼의 회복을 갖게 되었다. 육신, 마음 그리고 영혼의 자유로움! 그리고, 제2막의 새로운 인생 도상에 오름이다.

50플러스 서부 캠퍼스 강좌들을 들으며, "당신만이 느끼고 있지 못할 뿐, 당신은 매우 특별한 사람입니다."라는 '데스몬드 투투 주교'¹²⁾의 말을 떠올리며 생각한다.

"우리 50플러스만이 느끼고 있지 못할 뿐,
우리 50플러스는 매우 특별한 사람들입니다"

매우 특별한 사람들로서 이제 제2의 인생 막을 서서히 걷어 올릴 일이다. 만추에 쌓인 낙엽을 밟으며….

어느 월요일
한양도성길을 걸으며
서울에서

---

12) 남아프리카공화국 최초의 흑인 대통령이자 흑인인권운동가인, 넬슨 만델라(Nelson R. Mandela, 1918~2013)의 평생의 반려

자식에 대하여

 오늘날 같지 않게 한 지붕 아래에서 자식 모두와 함께 살았던 우리 부모들의 속마음도 그러했을 터이다. 으레 자식은 낳아 보기 좋게 길러야 될 것이었다. 자식을 두지 않겠단 생각조차 하면 안 되는 세대가 바로 나의 세대까지인 것을 이제야 알게 되었다. 그런 자식들이 다 커서 자기들의 자식까지 낳고 살고 있는데도, 늘 쳐다보기가 안쓰러운 아픔이 있다.
 얼마 전 외국에서 공부하며 오랜만에 잠시 집에 왔다 다시 돌아간 자식을 보며, 중동 땅 멀리 있는 내게 전화하며 아내가 울먹이면서 얘기한다. "여보 왜 이렇게 이놈 보기가 안쓰러울까?" 그 자식도 자기의 자식들까지 낳은 다 큰 자식인데도…. 자식을 믿지 못해서가 아니다. 그런 것과는 전혀 다른 뜻이다.
 한 줌밖에 안 되는 작은 몸뚱이가 험한 세상 길고 긴 한평생의 세월을 어렵사리 살아 내야 하는, 늘 안쓰럽기만 한 나와 같은 업보의 순환을 어렴풋이 느껴서일까? 아마 그럴 것이다. 애써 보지 않은 척 함도 부질없다 보니 그저 가슴만 저린다. 무엇도 어떤 것도 대신 해 줄 수도 아무것도 해 줄 수도 없으니….
 생生의 유한성有限性이 반드시 있어야 할 것은, 바로 그러한 자식에 대한 생각을 훨훨 떨치기 위함이 아닌가 한다. 보기 싫어서가 아니라 그게 나의 모습이기도 하기 때문이리라.

인생의 결국은 홀로 떠나는 것이다. 아무것에도 그 누구에게도 어떠한 미련의 남김도 없이… 그저 남는 것은 오직 영혼의 섬에 남겨진 자신일 뿐이다. 그곳에서는 부모도 아내도 자식도 나에 대해 아무런 역할을 할 수 없다. 그렇다 하더라도 나는 이미 내 곁을 떠나신 부모의 영원한 자식이요, 오늘의 내 자식에 대한 영원한 부모로서 언제까지든 존재해야 하는 자이다. 그러므로 오늘도 내 자식을 생각한다. 그러나 해 줄 것이 없다.

"애들아! 그건 모두 너희의 몫일 뿐이야."

건기의 7월
찌는 듯한 열풍과 모래바람 불어 대는 중동 사막에서

검은 땀방울

건기의 계절, 수개월간의 한낮 평균 기온이 중동에서도 제일 높은 섭씨 55도 이상이 되는 날, 쿠웨이트 최대의 산업 단지인 슈바이크 시장의 어느 조그만 골목을 온몸이 기름칠로 범벅된 노동자 한 사람이 걷고 있었다. 그는 핸드폰으로 어딘지 모르게 전화를 하며 이마에 흐르는 땀을 기름에 찌든 두터운 손으로 연신 닦아 내며 환한 웃음으로 걷고 있었다. 그때 내 눈에 특히 크게 확대되어 들어오는 것이 있었다. 그의 얼굴에서 끊임없이 흘러내리는 굵은 땀방울이었다. 검은 얼굴에서 흘러내리는 검고 굵은 땀방울!

아, 이거였구나!

벌써 이곳에 온 지가 1년이 훌쩍 넘었다. 새벽 3시 반쯤 일어나 거의 두 시간 이상의 사막을 가로지르는 거리의 건설 현장에 오전 6시까지 도착한 후, 저녁 8시 경에 집에 돌아올 때까지 매일 3~4백 km의 운전을 하고 수많은 사람을 만나야 하는 무척 피곤한 일상임에도, 그리 크게 피곤함을 느끼지 않은 이유가 무얼까? 하는 생각을 가끔씩 하곤 했다. 오늘 그 가장 큰 이유 중 하나를 알게 된 것이다. 곧 매일의 일상에서 무수히 마주치며 의식, 무의식적으로 보던, 수많은 노동자들의 온몸에 흐르는 건강하고 성실한 땀방울 그것이었다는 것을 비로소 알게 된 것이다.

때에 무언가 심저心底에서 솟아오르는 뭉클함이 있어 모든 것이 아름답고 그저 감사하게만 느껴졌다. 아무런 대가 없이 그런 커다란 선물을 내게 베푼 주변 모든 이에게 진심으로 감사한다.

금요일 휴일
쿠웨이트에서

하루의 시작

이른 새벽 출근하면서 듣는 영국의 BBC 방송은 하루 일과에 커다란 즐거움을 준다. 아나운서들이 전하는 세계 곳곳 뉴스 등의 다양함과 세계 유수有數 전문가들이 심층 분석하는 수많은 사건 사고에 대한 인터뷰 등도 귀담아들을 만하지만, 특히 그들의 목소리가 주는 역동성과 열정감, 그리고 영어 특유의 인토네이션과 악센트가 주는 리드미컬함은 하루 일과 개시를 매우 상쾌하게 해 주며, 그 상쾌함이 하루 일과도 그렇게 되리라는 기대감을 주기 때문이다.

새벽 5시도 안 된 이른 시간, 차창을 통해 들어오는 사막의 열기를 온몸에 안고 달리는 출근길이지만, BBC 방송 덕에 건강한 일상을 시작하는 것이 늘 감사하다. 오늘 하루만 살아도 만족할 만하다. 언젠가 가족들에게 다음과 같은 얘기를 한 적이 있다.

"여기 쿠웨이트 집에 삼겹살이 있다고 생각하니 부자 된 거 같아. 여기 없는 걸 가지고 있어 그럴 거야.[13] 결국 부富라는 건 남들이 갖고 있지 않은 걸 가질 때 느끼는 건가 봐. 부자들의 생리도 같을 거야. 남들이 쉽게 갖지 못하는 비싼 브랜드를 갖고자 하는 생리. 그러니 그들뿐 아니라 우리 모두도 부자 아닌가? 누구도 가지지 못한 나름의 능력으로 여기까지 살아올 수 있었으니. 나름의 능력이야말로 최고 가치의 '부富'임을 알 때 그것이

---

13) 쿠웨이트는 종교적 이유로 돼지고기 섭취를 금지하고 있다.

곧 '부유한 삶'임을 알 것이야."

 '나름의 능력(그것의 대소를 불문하고)'으로 오늘 하루 일상을 상쾌하고 건강하게 시작하며 마무리 할 수 있다는 기대는 또한 스스로를 부유한 삶의 사람으로 만들어 주리라.

일상의 삶
쿠웨이트에서

삶의 자리

 장애인들의 삶. 그리고 장애 자식들과 더불어 그 이상의 장애의 삶을 살아가는 부모들. 어떻게 하면 조금이라도 장애 자식들의 삶의 질을 높여 줄 수 있을까 하는 안타까운 마음으로, 관련 기관 앞에서 삭발까지 하며 가슴속 응어리진 한恨만을 삭일 수밖에 없는 어머니. 그리고 80이 넘도록 50여 년의 세월을 장애 자식 뒷바라지에 헌신하며 내가 죽고 나면 저놈은 어찌 살까 잠도 이룰 수 없는 아버지.

 저 멀리 여수 섬 바다 끝자락의 소거문도 노인들의 삶들. 며느리 전화에 반가움보다는 오히려 아무것도 해 준 게 없다고 미안하단 얘기만 한다. 무엇이 그리 미안하단 말인가? 자식 난 자체가 미안하겠지! 그게 다 부모 맘이니까. 나의 외할머님과 같이 허리가 90도로 꺾인 몸으로 다니신다. 그런 할머니가 자식들한테 미안하단다. 아무것도 해 준 게 없다고… 꺾인 몸이 누구 때문인데….

 80세가 다 된 나이에 풍風 맞은 남편 뒷바라지로 늙음에 더욱 힘이 든다. 섬 전체 둘레가 7.8km이다. 그곳에서 태어나 그곳에서만 살아온 세월이 78년이란다. 소를 다 팔아 치우고 땅을 가려니 남편이 쟁기를 끌고 아내가 쟁기를 조정한다. 내가 소가 되었다. 그렇다고 자식들에게 갈 맘은 전혀 없다. 아직도 땅을 파면 먹을 것이 있으니. 지들 자식들하고 재밌게 사는데 거기 가서 방해할 일 있나…. 그저 이 삶이 나의 것이려니 산다!

젊을 때에는 삶의 자리가 서로 다른 듯해도 나이 듦은 그 모든 다름을 같음으로 되게 한다. 그게 인간의 삶, 인생이라는 것! 난 오늘 그 진실에 가까이 가고 싶다.

라마단 기간
쿠웨이트에서

하고 싶은 말, 자식에게

 아직 힘 있을 때 모든 자식들에게 부탁 몇 가지 하고 싶다. 이 얘긴 그나마 내가 돈도 벌고 모든 삶을 스스로 해결하고 있는 지금 얘기해야 너희들이 듣기에 조금이라도 부담이 덜하겠다는 생각으로 하고 싶은 얘기다. 언제 이런 얘기를 또 할 수 있겠냐.
 머지않아 내게 돈 벌 수 없는 때가 오고 육체적인 힘도 사라졌을 때 너희들 시간 되는 대로라도 나를 도와주면 좋겠다. 그때는 운전도 못하고 멀리 걷기도 힘들 것이고. 그러니 가까운 병원 가는 것도 한 시간 이상 걸릴 나이가 되었을 때 나를 병원에 데려다주었으면 좋겠다. 오래 살려고 병원 가는 게 아니고 너희에게 더 큰 피해 끼치지 않으려 가는 것임을 너희들이 알아주면 고맙겠다.
 그리고 용돈을 알아서 주면 고맙겠다. (살아 보니 부모님께 용돈 드리는 것도 습관이더라. 한번 드리지 않게 되면 다시 드리기가 쉽지 않더라.) 그때가 되면 무슨 돈을 쓸데가 있을까 생각하겠지만 현실은 그렇지가 않다. 더구나 부모 입장에서는 자식에게 어떠한 경우에도 용돈을 달라고 얘기할 수가 없다. 너희 사는 것을 보는 것만도 늘 안쓰럽고, 오히려 도와주고 싶은 마음뿐인데 가지고 있는 것은 없으니 줄 수도 없어 내 스스로가 원망스러울 뿐이거늘….
 그 용돈의 쓰임새가 뭐겠니? 우선은, 너희들 모르게 몸이 아파 동네 병원 갈 일이 많아질 것이고, 또 명절이나 너희와 너희 자식들 생일 등을 축하할 때, 그냥 말로만 할 수도 없으니 몇 푼이라도 너희들 손에 쥐어 주는 데도 쓸 게 아니겠니. 그때가 되면 느낄 수 있는 보람 중 가장 커다란 보람이 그런 것이 아니겠나 싶다.

또 한 가지, 가끔 아주 가끔 너희들끼리의 회식 모임에 나를 한 번씩 끼워 주면 좋겠다. 나를 데리고 가는 것이 너희에게 매우 번거로운 일이 되고, 어찌 보면 너희 모임의 분위기를 깰 수도 있겠지만, 나도 가끔은 맛있고 멋있는 레스토랑에서 외식을 하고 싶지 않겠냐. 비록 치아도 좋지 않게 되어 잘 씹지도 못하여 맛도 제대로 느낄 수 없겠지만, 그 분위기만이라도 느끼고 싶으니. 더구나 그런 곳은 혼자서 갈 수도 없고.

그리고 절대 오래 살고픈 생각은 없다. 그런데 그게 내 맘대로 되지 않잖냐. 그러니 왜 그렇게 오래 사냐고 속으로라도 빈정대지 않으면 좋겠다. 아니 속으로 생각하는 걸 나는 모르니 괜찮겠지만, 그걸 내가 알도록 표현은 하지 않으면 좋겠다. 세상에 그 누구도 '지금' 이 세상을 떠나고 싶은 사람은 아무도 없거든….

이 모든 얘기는 불과 몇십 년 후면 듣는 너희가 너희 자식들에게 하고 싶은 얘기가 될 수도 있다. 하늘에 계시는 아버지와 어머니가 많이 보고 싶다.

휴일 어버이날에
아라비아해(海)가 바라보이는 쿠웨이트 Mangaf 숙소에서

사랑과 인내

사랑이라 한다. 그러나 사랑은 인내를 필요로 한다. 말하기는 쉽지만 타자에 대한 사랑은 누구나 할 수 있는 게 아니다. 타자에 대한 성실한 인내 없이는 그를 사랑할 수 없다. 성실한 인내란 무조건적 인내를 말한다.

나는 그런 인내를 자신을 심문하는 본디오 빌라도와 막달라 마리아에게 돌을 던지는 성난 군중 앞의 예수가 지켰던 침묵에서 본다. 누구나 자신의 뜻과는 무관하게 세상에 나왔지만, 나온 이상 그에 따른 의무와 책임이 있다. 그게 우리 인간이 사는 양식樣式이다. 그것은 자신에 대한 사랑 이상으로 타자에 대한 사랑의 의무가 책임으로서 행해져야 함을 의미한다. 누구나 홀로 살 수 없기 때문이다. 이제부터라도 그런 성실한 인내로 연단되고자 한다.

휴일
어머니의 인내의 삶을 생각하며 쿠웨이트에서

내가 줄 수 있는 것

 어제저녁에는 천둥번개를 동반하는 비가 한참 내리더니 종일토록 하늘과 땅을 덮고 있던 모래 먼지를 깨끗이 쓸어내렸다. 십 년이 넘는 중동 생활에 이렇게 많은 비가 내리는 건 처음 본다. 거의 보기 힘든 매우 드문 경우다.
 새벽 운동에 제법 서늘한 바람이 분다. 잔잔한 아라비아 해海의 물결을 거슬러 불어오는 북동풍이 마음과 몸에 청량감을 준다.
 벽에 붙여 놓은 애들 사진을 보며 이런 생각을 한다. 이젠 너희들의 시대다. 너희들이 주인인 시대가 되었다. 너희들이 책임지고 이끌어 가야 될 너희들의 시대며, 너희들의 하늘이며 대지이다. 우린 점차 사라져 갈 뿐이다.
 때에 너희들이 원하면 줄 수 있는 나름의 교훈이 있으니, 이제껏 너희들이 보아 온 있는 그대로의 '우리들의 살아온 모습', 그것이다.
 그리고 가능한 실수를 많이 해라. 실수의 경험이 자신을 가장 자기답게 만들어 주기 때문이다. 뒤늦게야 그것을 알게 되었다. 또한 성공에 지나치게 집착하지 마라. 그처럼 인생에 있어 가장 큰 실수는 없다. 성공 그 자체보다는 그것에 이르는 성실한 과정에 집착해라. 결코 후회하지 않을 것이다. 어떤 것도 이 인생에 이룬 건 없지만, 어떤 인생이 참인생인지는 안다.

휴일에
쿠웨이트에서

늙음

평지에서는 앞으로의 갈 길을 모르나
정상에 오르면 그 길을 밝히 알 수 있다

젊음은 평지요
늙음은 정상이다

그러므로
늙음은 한恨탄할 일이 아니요
오히려 찬讚탄할 일이다

　　　　　　　　　　　하늘이 잔뜩 흐린 날
　　　　　　　　　　김포 평화누리길을 걸으며

견뎌 내야 되는 곳

내일과 오늘

죽음과 삶

& 너you

& 나me

세상은
'이해할 수 있는 곳'이 아니다

세상은 묵묵히
'견뎌 내야만 되는 곳'이다!

폭우 퍼붓던 7월의 날
제주도에서

그곳이 반드시 꽃길이 아니더라도

 엄동과 설한의 자리를 헤치고 나오기가 버거운 듯, 초록의 눈망울이 대지의 어둠과 하늘 빛 사이에서 살포시 보일 듯 말 듯 한 계절의 경계에 서 있습니다. 버드나무는 초록 없는 가녀린 가지만을 빗살처럼 대지를 향해 목을 길게 빼고, 들녘의 기러기는 겨우내 틀었던 둥지를 떠나 수만 리 고향길로 떠날 채비를 하며 부지런히 먹거리에 전념하고 있습니다.
 버드나무가 새 생명을 향한 목을 빼고, 기러기 또한 소망의 고향길을 찾아 떠나듯, 저 또한 이제 참 고향길을 향해 나아가야겠습니다. 그곳이 반드시 아름다운 꽃길이 아니어도 괜찮습니다. 그저 제가 늘 가고 싶어 하던 어머니 품만 같으면 되겠습니다. 그곳은 탄생과 더불어 인간으로서 지니고 살아가야 할 염치와 상식 그리고 인간 생성의 윤리를 넘어선 태고의 양심과 도덕이 탯줄을 통해 저에게 전해진 품이기 때문입니다. 그런 참 고향길을 향해 떠나고 싶습니다. 이제는….

3월!
그런 양심과 도덕이 기다리는 곳, 김포생태공원에서

동행-나눔

견뎌 내야만 하는 고단한 삶은
더불어 이겨 낼 무언가를 要한다
나그네와 같은 삶의 길 그곳에
동행-나눔이 있다

사랑·시간·생명

  사랑은 '나의 시간'을 나눔이며 그것은 곧 '나의 생명'을 나누는 일입니다. 우리에게 있어 '시간'이란 크로노스$_{chronos}$(필멸하는 시간)로서 유한한 시간입니다. 언제가 될지는 모르나 반드시 마지막이 있는 그런 시간인 것입니다.
  이렇게 유한한 것으로서 주어져 있는 무엇보다 소중한 나의 시간을 다만 얼마라도 누군가와 함께 한다 함은, 유한한 내 생명의 일부를 그와 나누는 일이며 그에 대한 사랑이 없이는 행할 수 없는 일이 아닌가 하는 말입니다. 그러므로 사랑은 누군가와의 '시간 나눔'이요 '생명 나눔'입니다.

어느 세밑에
서울 화곡동 작은 서재에서

양정56산우회에 대한 소고 小考

양정산악회 연혁에 의하면 "당시(1934년 8월) 양정 고보의 김교신 선생이 학교에 '무레사네(물에 산에)' 서클을 만들고, 산악부원이 주축이 되어 전국  의 산과 사찰, 고분, 고적을 답사하며 그에 얽힌 역사, 연구 활동을 시작하였습니다."라고 하여, 김 선생이 만든 무레사네 서클이 양정산악회의 모체가 되었음을 밝히고 있습니다. 김교신 선생은 당시 양정 고보에서 지리 및 박물 교육을 담당하셨고, 손기정 및 류달영 선생(전 서울대학교 농과대학 교수 등)의 5년간 담임이셨으며, 손기정 선생의 마라톤 코치이시기도 하셨습니다. 손기정 선생은 김교신 회고문에서 이렇게 말했습니다.

"그냥 바라만 보고 있어도 아니 선생님이 계시다는 생각만 하고 있어도 무엇이 저절로 배워지는 것 같은 분이 바로 선생님이셨다."[14]

위의 내용을 적은 이유는, 오늘날 우리 양정56산우회의 성격에

---

14) 손기정, 〈비범하셨던 스승님〉, 《김교신을 말한다: 별권》(김교신 전집), 부키, 2001, 153쪽

대하여 제 나름대로 규정하고 싶어서입니다. 물론 현재의 우리 양정 56산우회가 형식이나 그 내용에 있어 양정산악회를 계승한 것은 아니나, 적어도 위의 무레사네 서클의 내적 의미 정도는 계승하고 있지 않은가 하는 것입니다. 비록 세월이란 놈이 우리의 육신을 점차로 힘들게 하고는 있지만, 그럼에도 시간과 정신과 육신의 강건함이 허락하는 한 함께 산과 들을 다닐 수 있다면, 우리 양정56산우회가 그 유서 깊은 무레사네의 정신을 계승해 나가고 있다고 감히 말씀드리고 싶습니다. 우리 양정56산우회의 오랜 지속과 번영을 위하여, 오늘날까지 산우회를 위해 헌신해 온 임원 동기들과 산우회에 자발적으로 참여하시는 모든 동기들의 가호를 빕니다.

매달 세 번째 일요일
산우회의 날에

인생에의 동행

그것 때문에
인생에 성공할 수는 없어도
그것 때문에
삶이 풍요로울 수 있는 것
그것이
인생을 승리로 이끄는 비결이다

생각건대
내게 있어
그것은
뒤늦은 세월에 알게 된 책 읽기와 글쓰기다
더하여 홀로 걷기!

6월의 밤 늦은 상념
김포골드라인에서

동기 이수곤 박사에 관한 중앙일보 기사를 읽고

　며칠간 바쁘게 지내느라 오늘에서야 기사를 차분히 잘 읽어 보았네. 수많은 사람들이 보는 중앙일간지에 자네가 활자화되어 나오니 뿌듯한 마음에 동기로서의 자네가 참으로 자랑스럽구만.
　그러네…. 세상에 공짜가 어디 있겠냐마는, 지난 산행 중 들었던 오늘에 이르기까지 자네가 겪은 어려운 과정을 떠올리며 읽자니 자네에 대한 자랑스러움이 더욱 배가되는 느낌일세. 3대에 걸쳐 동일한 학문이 이어지고 있다는 사실은 대단히 자랑스러운 일이라 생각하고, 앞으로 이 나라에 많은 유익한 결과가 자네 가문에 의해 이루어지기를 진심으로 바라네.
　한 가지 동기로서 또 팬으로서 제안하고 싶은 게 있다네. 자네는 이미 산사태 분석 및 예방에 관한 이 나라 최고의 권위자이자 넓은 대중성을 가진 학자이니 전문적인 학술 연구도 중요하지만, 대중을 위한 저작, 예를 들면 《쉽게 쓴 우리나라 지질》 등과 같은 제목으로 지질학을 이해하기 쉬운 글로 써서 출판해 보는 건 어떨까 하는 거야. 지질학은 대중들에게는 참으로 생소하고 어렵게 느껴지는 학문이지만, 기사가 지적한 대로 바로 우리 주변에서 언제든 일어날 수 있는 위험한 산사태 등과 같은 상황을 해결해 주는 매우 유익한 학문이니 말일세. 한번 고려해 보게나. 감사히 잘 읽었고 자네 가문의 전도가 더욱 밝아지길 기원하겠네.

2018 한글날에
서울의 개화산 정상에서

동생 전영기 기자를 격려하는 이유

약 40여 년 전 대학 시절 데모하다 붙잡혀 죽지 않을 만큼 밤새 두들겨 맞고는 정치에 대한 모든 생각을 접었습니다. 그 후 정치 이념에 목숨 걸 만한 용기도 없었고, 평생 일하며 세 번씩이나 갈비뼈가 부러질 정도로 온전한 노동자이셨던 아버지를 보며 집안의 장남으로서 그런 이념적 방향으로의 삶을 살 자신도 없었지요.

그런데 동생 영기가 그걸 하더라고요. 서울대 정치학과를 다니며 대학 시절 거의 전부를 자유민주화를 위한 데모·투쟁에 바쳤습니다. 지금 돌이켜 보면 그의 대학 생활은 나의 '비겁함'을 충분히 보상할 만큼 대단히 용기 있고 대담했던 삶이었고, 그로써 우리 집안은 말 그대로 쑥대밭이 된 게 한두 번이 아니었습니다.

당시 부천에 살았는데 집으로 들어오는 길목에 경찰서에서 초소를 세워 동생을 지속적으로 감시했고, 형사들이 집 안까지 들어와 동생 방에 있던 서적을 두서너 번에 걸쳐 마당에 던져 놓고 말 그대로 분서갱유까지 했던 사실이 지금도 눈앞에 생생히 떠오르네요. 당시 아버지, 어머니가 그들 바짓가랑이를 붙잡고 무조건 잘못했으니 아들이 보는 귀한 책만 태우지 말고 용서해 달라고 울부짖던 그 상황이… 우리가 뭔 놈의 큰 잘못이 있었는지…….

그 후 정치적 입장에서는 나의 이념을 대리해 주는 자로서 그리고 국가와 정치에 대해서는 형으로서가 아닌 동료로서 동생의 말을 적극 신뢰하고 있습니다.

 요즈음 이 정권이 지향하는 방향에 대단한 우려가 있고, 이대로 있다가는 부지불식간에 막장까지 가서 우리 세대도 세대지만 자식들의 미래에도 희망이 사라져 버리겠다는 불안이 점점 더 커지게 되었습니다. 현 시점에서 내가 할 수 있는 게 '무엇'인가를 생각하게 되면서 그래도 현직에 있는 중견 기자로서의 동생의 외침에 격려라도 해 주는 것이 바로 그 '무엇'이 아니겠는가 하는 생각이 든 겁니다. 여전히 동생에게는 현재 막강한 정치권력을 가진 자들과 나라에 해가 되는 자들 누구에게나 진영 논리를 떠나 의미 있고 효율적이며 쓰디쓴 비판의 외침을 가할 수 있는 위치와 능력과 충분한 자질이 있다고 생각하기 때문입니다.

 문제는 개인의 신상에 결코 유리할 수 없는 그런 자들에 대한 동생의 날카로운 비판 때문에 현실적으로는 그들로부터 엄청난 압박을 받고 있어 그 점이 가족으로서 많은 걱정이 되는 부분입니다.

열대야가 지속되는 8월의 한여름 밤에
서울에서

충남 홍성 용봉산에 다녀와서

 오랫동안 사용하지 않고 닫아 놓았던 방문을 활짝 열어 놓은 기분입니다. 갇혀 있던 퀴퀴한 냄새가 초겨울의 냉랭한 대기 속으로 빨려 나가듯, 가슴 깊이 쌓여 있던 지친 일상의 침전들이 일거에 고단한 가슴을 찢고 서리 내린 초겨울의 공동으로 흩어져 버렸습니다. 그리고는 새롭고 참된 시린 생명의 바람이 찢긴 틈으로 매섭게 비집고 들어오기 시작하였습니다.

 예상치 못했던 ○○ 신문사 주간님의 홍성군과 산행 터인 용봉산에 대한 자세하고도 친절한 안내서 준비와 설명, 《김교신 전집》 발간에 일생일대의 힘을 기울이셨던 부키 출판사의 ○○○ 사장님, ○○○ 선생님과 어린 따님의 곡예와도 같은 등산, 함께 하신 여러 선생님들 그리고 토요일임에도 바쁜 노작 가운데서 시간을 할애한 전공부 학생들, 어느새 갑자기 대형버스 기사(?)로 변신하셔서 용봉산 기슭까지 등산대원(?)들을 인도하신 ○○○ 교장 선생님.

 가히 충청의 금강산으로 불려도 손색이 없을 용봉산의 괴암들을 겁 없이 그러나 탄성으로 오르내린 3시간여의 산행, 후대의 심판을 전혀 예측조차 못하고 절(용봉사)이 있던 자리가 명당이라고 절을 옮기게 하고는 그 자리에 자신의 허무한 시신을 누인 용기(?) 있는 ○○○ 씨의 선조분, 수덕사 입구 이응로 화백의 생가에서 칡주로 마른입을 적시며 나눈 산사에서의 정다운 담화들, 늦은 저녁임에도 일행이 올 때까지 기다리시며 건강식품으로 식사를 마련해 주신 사모님, 여러분들이 참여하신 교육 문제에 대한 진지한 토론, 그리고 밤이 깊어 감도 모른 채 연구실에서의 여러 사는 이야기들…. 그렇게 홍성에서의 아쉬운 하룻밤이 소리 없이 지나갔습니다.

교장 선생님의 배려로 ○○○ 선생님께서 운영하시는 환경농업관에서 산행과 이야기로 피곤해진 몸을 충분히 쉴 수 있었습니다. 아침 식사 시간에 우리 일행과 우연히 인사를 나누게 된 오리농법의 창시자이신 일본의 후로노 다까오시 내외분과의 짧은 만남의 시간. 그분의 열정을 넘어선 신앙으로서의 삶에 귀 기울였던 감명 깊은 이야기. 무엇보다 ○○○ 선생님의 소개로 오리농법을 받아들여 사업이 아닌 더불어 사는 공동체 정신으로 오늘날 홍성의 농업에 일대 변혁을 일으키신 ○○○ 선생님의 지난했던 과거의 이야기들.

마지막, 강당에서 있던 일요일 오전 10시 주일 집회에서의 예배와 이틀간의 무레사네 여정을 함께 하신 여러 선생님으로부터, "함께 있음"의 공동체가 결국은 바른 무교회 신앙에서 비롯되어야 할 것을 말씀 듣고 이틀 일정의 막을 내리게 되었습니다. 이런 일련의 무레사네 여정을 끝내고 오른 서울행 열차 안에서 저는 진심으로 자신의 일그러진 인생의 모습을 바라보게 되었습니다. 오직 자신만이 중심이 되어 결과로 나타난 일그러진 모습을 말입니다.

신앙은 절대 스스로의 신앙이어야 하지만 그 신앙이 혼자만이 아닌 다른 많은 이들을 위한 신앙이 되어야 할 것을 알았습니다. 기도가 나에 의한 기도일는지는 모르나 그것이 스스로가 아닌 다른 많은 이들을 위한 기도가 되어야 함을 알았습니다.

"그러므로 형제들아 내가 하나님의 모든 자비하심으로 너희를 권하노니
너희 몸을 하나님이 기뻐하시는 거룩한 산 제사로 드리라
이는 너희의 드릴 영적 예배니라"

(로마서 12:1)

겨울의 초입 11월에
서울 작은 서재에서

산우회 날에

아마도 수천 개는 됨직한 상당한 수의 계단이 이어진 경사가 급한 산행길이다. 자하문 방향 윤동주 문학관 건너편 창의문에서 시작하여, 백악산 정상과 숙정문을 지나 말발굽바위에 이르는 약 7km, 이 서너 시간 거리의 구간을 '한양도성길 백악(북악)구간'이라 부른다. 그동안 여타 구간은 모두  돌아보았으나 이 구간은 처음인지라, 마침 오늘 동기 산우회에서 오른다 하여 기꺼이 산행에 참여하게 된 것이다.

해발 342m의 낮은 산이라 생각하고 오르면 큰코다칠, 실제로는 제법 높이 느껴지는 산이다. 백악산 정상은 비록 조그맣고 소박하기까지 하지만, 올라온 산행을 돌이켜 보면 큰 산의 호연한 기개의 정상과 별반 다르지 않다.

수많은 계단으로 인하여 꽤나 지루하고 고단하기까지 하며, 회색의 두터운 구름, 미세먼지와 낮게 깔린 안개로 시야 또한 좋지 않았으나, 그 때문에 오히려 몽환적 분위기의 풍광이 끊임없는 흥미를 유발함으로서 진진津津한 느낌으로 오를 수 있었다. 무사히 산행을 마치고 모든 벗들이 참여하는 술 한잔의 자리는, 그야말로 산우회의

하이라이트요 진정한 정상頂上이 아닐 수 없다. 내來달의 산우회 정상
을 기대해 본다.

구름 낀 하늘 아래에서

동기 산우회 날에

에티오피아로부터의 서신

축하드립니다! 제 후배 기수가 되셨네요. 에티오피아는 단전, 단수가 잦아서 좀 고생 중이지만, 역시 인간은 환경에 적응하는 동물인 것 같습니다. 전 오늘 1박 2일의 문화 탐방으로 Ziway라는 호숫가로 여행을 다녀오고 다음 주는 드디어 OJT 교육 마지막 8주차입니다.

파견지인 메켈레에서는 홈스테이를 했는데 일주일간 물이 전혀 안 나와 빗물을 받아 둔 걸로 겨우 세수를 하고 지내다가, 선배 단원의 집에 물탱크가 있어서 겨우 가서 좀 씻었을 정도였습니다. 다음 주 주말에 메켈레로 가면 한 달 정도 호텔에서 생활하면서 남은 22개월간 살 집을 구해야 합니다. 선배 단원 말씀이 부모님이 에티오피아에 오셔서 일주일 정도 계셨는데 딱 한국의 70년대라고 하셨다네요.

부엌 창가에는 플라스틱 통들이 주욱 늘어서 있는데 알고 보니 모두 물을 받아 넣어 둔 통들입니다. 중국인이 많다고 들어서 중국 마켓에서 한국 식재료 같은 건 살 수 있을 줄 알았는데, 중국인들은 대부분 건설 노동자로 중국에서 자재와 함께 들어오는 사람들이라 그런지 한식 재료나 기본적 식재료가 거의 없어요. 치즈나 버터 초콜릿 같은 것도 사치품이라 외국인이 모여 사는 동네에 있는 상점에서 간혹 보인다는데 가격이 어마어마하네요. 수입한 100그램 초콜릿 하나가 일만 원 가까이 하니 한 달 평균 수입 5만 원인 나라에서 어마어마한 가격이죠. 홈스테이 한 집이 메켈레 대학 교수님 댁이었는데 설탕이랑 휴지를 안방 장롱에서 꺼내다 주시더라는….

나이와 유효기간(코이카 숙소에 선배 단원들이 남겨 놓은 유효기간이 지난 한식 재료들을 주워 먹다 보니…)은 숫자에 불과하다! 입니다. 바퀴벌레에 단전, 단수에 파란만장했던 홈스테이였지만, 천사 같은 홈스테이 패밀리 덕에 행복했던 일주일.

선택하지 않으면 아무 일도 일어나지 않으니, comfort zone에서 한 발자국 나설 때 진정한 나 자신의 모습과 행복을 발견할 수 있지 않을까 싶습니다.

- 에티오피아 서신에 대한 나의 답신 -

가신 지 얼마 되지도 않았는데 보내 주신 내용을 보니 꽤나 많은 세월이 흐른 듯한 느낌이 듭니다. 아마 이곳 한국과는 달라도 너무 다른 그곳의 낯선 풍경 그리고 그 속에서 살아가는 사람들의 소박한 삶의 모습이 그러한 느낌을 갖게 하는 것 아닌가 합니다. 지난 2개월간의 그곳 생활에서 뜻하지 않던 많은 낯선 경험을 하시며 쌤도 여러모로 만감이 교차하셨겠습니다. 보내 주신 바를 보고 읽으며 진정 코이카Koica의 생활이란 전적 헌신의 봉사와 진지한 교육자적 사명감이 없이는 단 하루도 해낼 수 없는 삶이 아닌가 하군요.

아직 저의 경우 최종 결정된 건 아니지만, 기다리는 동안 내심 나름의 사명의식을 견고히 하는 데 힘써야겠다는 결심을 하게 됩니다. 다시 한번 유의미한 결의를 하게 해 주신 글과 사진에 진심으로 감사를 드리고요. 그나저나 곧 다가올 추석 명절에 고국에 대한 향수와 송편 등은 언감생심이실 터이고 유효기간이 지난 식재료나 사용하지 않으셨으면 합니다~ 건강 늘 유의하시고요.

많이 선선해진 8월의 갈바람을 느끼며
서울에서

강화도 무레사네

 오늘 아침 일어나니 어제 강화도 높은 산자락에 기분 좋게 자리한 전망대와도 같은 선생님 댁 거실에서 바로 눈앞에 줌zoom처럼 다가왔던 먼 바다의 평화스러운 모습들이 잔잔히 떠오릅니다. 두 분 선생님의 평온한 삶을 말해 주듯, 눈부신 아침 바다의 윤슬 위에서 한가로이 고기잡이하는 배들과 잡은 고기를 통통통 엔진 소리 내며 포구로 나르는 작은 배들의 모습이 그 뒤에 의연히 자리한 석모도를 배경으로 한 폭의 그림처럼 눈앞에 선하게 그려지는군요.
 이틀간의 완벽한 일정과 강화도의 여러 새로운 발견을 값지게 선사하여 주신 것은 20여 년 무레사네 역사에 가장 잊지 못할 특별한 추억의 하나로 길이 기억될 것입니다. 지금까지도 따스하게 느껴지는 두 분의 깊은 후의와 진심 어린 사랑에 말할 수 없는 깊은 감사를 드립니다. 언젠가 또 다른 유의미한 무레사네를 이끌어 주시길 기대하고요. 성령이 충만하신 주일 지내시기 바랍니다.

맑은 6월의 하늘
서울 작은 서재에서

생명

　혼자 사는 이 작은 방에 나 외의 생명이라고는 아주 작은 화분의 정말 작은 잎사귀뿐이다. 물만 줄 뿐인데도 이토록 건강하고 예쁘게 자란다. 하루 종일 내 나라말 한마디 못 하고 머리 복잡한 남의 나라말만 하다 늦은 밤 피곤한 몸을 이끌고 귀가하여 이 초록의 잎사귀를 들여다보는 것이 어느덧 즐겁게 기다려지는 습관이 되었다. 생명의 또 다른 생명과의 교감이 오늘따라 더욱 따뜻하게 느껴지는 것이 나이 탓만은 아닌 듯한데….

늦은 밤
피곤한 몸을 이끌고 들어온 쿠웨이트의 작은 방에서

관계, 그 경외로움

인간의 생명이나 자연의 생명이나 모든 생명들은 홀로 존재하지 않는다. 서로가 서로에게 엮이어 연결되어 있는 관계의 그물망 속에 공존한다.

19세기 중반 강압적으로 땅을 내놓으라고 요구하던 아메리카 백인들에게 원주민인 수쿼미시족族의 추장 '시애틀'이 그의 피 끓는 연설에서 외친 것, 그것은 바로 땅(자연)을 사랑해 달라는 것이었다. 땅(자연)과 그곳에 존재하는 모든 생명들은 빼앗고 뺏기는 관계가 아니며 서로 공존하며 사랑해야 할 관계라는 것이다. 오늘날 미국 워싱턴주의 아름다운 항구 도시 시애틀Seattle의 이름은 이 추장의 이름에서 따온 것이다.

여느 때보다 이른 동장군冬將軍이, 가뜩이나 이룬 것 없이 그저 흘러만 가는 민망한 세월을 더욱 시리게 하는 날들이다. 어찌 살아왔든 그래도 흘러온 지난 한 해의 세월, 제대로의 마무리 매듭을 짓고자 하는 나름의 열망을 산산이 부수는 작금의 이 나라의 세태들이 우리를 슬프게 한다. 엉킬 대로 엉키고 뒤틀릴 대로 뒤틀린 '관계'의 혼란과 혼돈, 그것이 결국 자기 자신에 겹이 되어 부메랑으로 되돌아온다는 사실을 애써 외면하고 있는 건 아닌지.

모래 폭풍이 헤일 수 없었던 중동 땅을 처음으로 밟은 지 수십 년이 흐른 오늘, 잠시 이 나라를 벗어나 그곳 중동에서 이곳을 바라보고 싶다. 물론 이곳을 떠나 아무리 먼 곳으로 간다 한들 혼자만이 이 혼란과 혼돈의 세계를 벗어날 수 있으랴. 어쩔 수 없이 오늘의 엄연한 현실을 있는 그대로 용인하며, 이제 한 해의 끝자락에 쓸쓸히 매달려 있는 12월의 한 조각에 서서, 관계의 생명 그물 속에 존재하고 있는 자신을 보다 더 진중하게 돌아보고자 함이다.

12월 세밑
동장군을 헤치고 인천 공항을 떠나며

벗과 함께 한 이야기

벗은 이공계 교수인데도 평소 인문·종교·정치 등 다방면에 관심이 많다. 특히 그를 좋아하는 이유는 그의 합리적 사고다. 굳이 성향을 말하자면 나 자신이 다소 보수·우파적 성향인 반면, 그는 진보적 사고를 가진 대체로 좌파적 성향의 지식인이라 할 수 있다. 또 다른 이유는 상대에 대한 통 큰 포용력이다. 상대가 자신과 다른 입장이라도 그를 진심으로 이해하며 지속 가능한 대화를 이끌어 가려는 바람직한 인간관계를 지닌 친구인 것이다. 여기 그 벗과의 대화 한 조각을 소개한다.

○ **필자**
이제는 지긋지긋!!! '이념'을 넘어선 나라에 살고 싶은 자가 오직 나뿐일까 하는 생각이 드는 5·18일세.

● **벗**
동감하네. 종교 또한 내 종교만 옳다는 생각을 버려야 할 때이고. 지난 인류사를 돌아보면 종교와 이념 갈등으로 아마 수천만 명이 죽었을 거야.

○ **필자**

　인류 역사상 수백억 명의 인간이 지구상에 나타나 사라지곤 했을 터인 데, 단 한 사람도 자기와 모든 면에서 동일한 인간이 없었고 또 앞으로도 없을 거라는(인위적 복제 이외에는) 분명한 사실은 우리에게 무엇을 얘기하고 있을까? 다양성과 상호 인정, 포용, 그리고 진보적 발전 등으로 상호 유익함의 바람직한 결과들이 실재할 거라는 사실을 말하고 있지 않을까.

● **벗**

　어제 서산 불교사원으로 역사 탐방을 했는데 설명하는 학자 왈, 불교는 지방 토속 신앙 모두를 포용, 융합하다 보니 피비린내 나는 역사는 없었다고. 그런데 네 이웃을 심지어 원수까지도 사랑하라고 세상에 오신 예수를 믿는다는 자들이 온갖 전쟁, 살상 유발 등을 하니 어찌 설명이 가능할까.

○ **필자**

　그건 인간 자신의 문제지 신을 탓할 일은 아니라고 보네. 자식의 문제를 부모의 잘못된 교육 등으로 세상은 얘기하지만 그건 그렇지 않네. 그런 생각은 지극히 인간적인 생각일 뿐이라 보네. 다시 말하면 세상 어느 부모가 자식에게 전쟁하라고 살상하라고 얘기하겠나? 신의 입장도 그와 마찬가지 아닐까 하네. 인간의 뿌리는 '악'일세. '내 속의 악'을 스스로가 인정하고 깨달을 때 비로소 '진정한 나'를 찾게 되는 게 아닐까. 예수 믿는 자는 반드시 이를 깨달아야 할 것이야.

● 벗

동의하네. 인간의 문제지. 신들이 그렇게 하라고는 안 했지. 그러나 어떤 빌미를 붙여서라도 인간들은 모여서 힘을 만들고 이기적인 일을 꾸미거든. 그게 매우 위험한 상황인 지도 모르고. 그것도 잠시는 좋으나 조직적, 항구적인 것이니 더 큰 문제라고 생각하네.

이런 류의 벗과의 대화는 성향, 사고, 성별 그리고 그와의 특수 관계 등 많은 상이점에도 불구하고 매우 유익하고 의미 있는 무엇인가를 결과하게 한다.

봄이 한창인 5월
동기 모임에서

아내의 여행
- 다섯 자매의 좌충우돌 3박 4일 여행 일지

작년 5월 미국 서부 여행 이후로 만 1년 반 만에 다시 모인 일상 충전 여행이다. 셋째 언니의 한국 나들이를 기념하기 위한 뜻깊은 가을 여행이기도 하다. 둘째 언니의 첫 장거리 운전 도전 때문에 두려움 반, 그리고 설렘 반이다. 허나 그것은 우려일 뿐. 오랫동안의 단거리 운행의 깊은 내공으로 모든 여정이 안전과 편안함 속에서 이루어졌다.

첫째 날, 오전 9시 서울 어느 전철역에 모여 중부내륙고속도로를 타고 해인사로 출발했다. 맑디맑은 가을의 푸른 하늘이 자매들의 오랜만의 여행길을 축복하는 듯하다. 여행에는 휴게소에 들러 우동은 꼭 먹어야 한다는 불변의 법칙을 놓칠 수 없었기에 괴산 휴게소에서 우동 한 그릇을 5분 만에 뚝딱 해치웠다. 참고로 우리 모두는 식성이 매우 좋다.

서울을 떠난 지 세 시간 반 만에 성주 IC를 나와 해인사 소리둘레길에 도착했다. 그곳에 떨어진 낙엽을 밟으며 사각사각 소리를 듣고 있자니 깊어 가는 가을 취의 진수를 느낄 수 있었다. 겨우 세 시간여 만에 도시의 온갖 탁함에서 이토록 맑은 다른 세상에 다다를 수 있다는 현실이 도무지 믿기지 않는다.

여러 해 전 가족 모임으로 묵었던 숙소인 해인사 앞 '산장별장여관'에 여장을 풀고 고바우 식당에서 맛있는 산채 정식에 동동주로 목을 축이고 숙소로 돌아왔다. 이 여관은 오래된 한옥 집이다. 방 앞 누마루에 앉아 앞마당에 소복이 쌓인 낙엽과 단풍들과 함께 밤을 즐겼다. 첫날의 밤은 그렇게 지나갔다.

  둘째 날 아침, 이슬비가 오는 둥 마는 둥. 해인사 관광호텔 뒤 둘레길을 거닐고 체조를 마친 뒤 너무나 성의 없는 여관 식당의 아침밥을 먹고 짐을 챙긴 다음 해인사로 출발했다. 감쪽같이 비가 그치고 화창한 하늘에서 따뜻한 가을볕이 내리쬐고 있었다. 해인사 경내를 거닐고 천년의 세월을 견딘 팔만대장경을 둘러보았다. 계곡 옆 카페에서 원두커피를 마시고 사진을 찍은 후, 그곳에서 12시쯤 포항 호미곶으로 출발했다. 남대구, 서대구, 북대구를 거쳐 호미곶에 도착하여 '어부의 집'에서 맛있는 점심 겸 저녁을 먹고 인증 샷을 찍었다.

  일정이 빠듯하여 그곳을 바로 출발하였다. 길을 찾지 못해 해안도로를 돌지 못한 아쉬움을 뒤로한 채 청송으로 향했다. 오후 4시경에 출발하였지만 일찍 어두워지는 산길 초행길에 강구에서 청송으로 넘어가는 길은 멀고도 멀기만 했다. 굽이굽이 깊은 산속을 지나 어렵게 길을 물어 청송송소고택(경북 청송군 파천면/054-874-6556)에 도착했을 때는 모두 다 기진맥진하였다. 허나 고요하고 편안한 고택 한옥에서 하룻밤을 보낼 생각에 여정에서의 모든 고생들은 깨끗이 사라졌다. 고택의 고즈넉한 아름다움, 한지로 깨끗하게 꾸며진 안방마님 방, 우리를 반기는 별채 뒷마당의 높은 감나무. 그저 연신 감탄만 할 뿐이었다. 비록 세면실, 화장실이 떨어져 있어 불편하긴 했지만 그 정도는 감수할 수 있었다. 그렇게 또 아쉬운 하룻밤이 지나갔다.

셋째 날, 고택에서 소개해 준 농가네 밥상에서 아침을 먹었다. 정갈하게 차려진 아침밥은 우리의 몸과 마음을 건강하게 해 주었다. 뒤편에 있는 시골 예배당으로 발길을 향했다. 이곳까지 안전하게 오게 하심, 함께하심을 하나님께 감사드렸다.

주왕산 주산지로 출발하였다. 그렇게 염원하던 주산지는 역시 내가 생각하던 그 절경 그대로였다. 이곳은 김기덕 감독의 〈봄 여름 가을 겨울 그리고 봄〉이라는 영화를 찍었던 곳이다. 쉼 없이 찍은 사진은 지금에 와서 봐도 설렌다. 다음으로 주왕산 국립공원 제1폭포까지 올라갔다. 폭포를 보는 순간 우리 모두는 감탄사를 연발하였다. 내려올 때는 주왕산 둘레길을 천천히 거닐었다. 수북이 쌓인 낙엽들, 끝없이 이어지는 아름다운 오솔길, 깊은 계곡. 여기가 혹시 천국은 아닐까 하는 생각이 문득 들었다.

아쉬움을 뚝뚝 떨어뜨리며, 봉화군 청량사로 출발하였다. 영양을 거쳐 봉화에 도착했을 때는 오후 세 시경이었다. 도저히 서울로 갈 길이 막막해서 이곳에서 발을 멈추기로 했다. 가파른 오르막을 올라 청량사에 도착했다. 경내의 절경은 역시나 나를 실망시키지 않았다. 절 곳곳에 단풍과 석양빛으로 물든 경치는 한 폭의 아름다운 수를 놓은 듯 가히 예술이었다. 절 안에 있는 찻집에서 하룻밤 거할 숙소를 물어보니 농암 종택을 소개시켜 주었다. 청량사에서 약 15분

거리에 있는 이 종택은 낙동강 끝 줄기에 위치해 있는데 그곳에 도착한 우리는 말을 잃었다. 고택의 아름다움을 새로이 각인시켜 준 옛스러움. 종택에서 바라보는 건너 절벽과 낙동강의 여유로운 흐름. 그 흐름 속에 셋째 날의 밤을 깊이깊이 담아 두었다.

넷째 날 아침. 한옥에서의 포근한 하룻밤을 보내고 종부가 차려 준 정갈한 아침상에 마음속으로 깊은 감사를 보냈다. 농암종택(경북 안동시 도산면/054-843-1202)의 종손이신 이성원 선생에게서 종택의 역사와 퇴계 선생의 가르침을 들었다. 선생이 쓴 《천년의 선비를 찾아서》와 화보집을 셋째 언니가 선물로 사 주었다.

이제 서울로 떠난다. 하지만 우리의 여행은 끝나지 않았다. 서울로 돌아가는 길의 마지막 여행길이 우리의 아쉬움을 달래 줄 테니까…. 국도를 이용해 안동을 거쳐 풍기, 단양길로 접어들면서 굽이굽이 옛 길을 찾아 소백산 줄기인 죽령고개를 넘었다. 언니들은 이 길이 처음인 듯 연신 감탄만 할 뿐이었다. 그 옛날 선비들이 과거 시험을 치르러 가는 길에 꼭 거쳐야만 했던 죽령길. 얼마나 무서웠을까. 언니들에게 꼭 보여 주고 싶었던 청풍호. 단양팔경의 옥순봉을 경유하여 청풍호를 돌았다. 이곳이 스위스 레만호보다 더 아름답다고 감히 말할 수 있다. 잔잔한 호수에 띄엄띄엄 보이는 산등성이 마을들. 호수를 감싼 듯한 빨간 단풍들의 잔치는 예술의 경지다.

청풍호의 마지막 도착지 정방사다. 가파른 산길로 인한 언니들의 잔소리를 뒤로하고 오르고 올라 도착한 정방사가 내게 감사 인사를 하는 듯하다. 정방사 암자에서 산 능선 사이로 유유히 흐르는 청풍호를 보고 있자니 모든 입이 조용해졌다. 해우소 앞에서 바라보는 확 트인 절경에 무슨 미사여구가 필요할까. 정방사에서 내려와 맞난 점심을 먹으러 '산마루' 한정식 집에 들렀다. 혹여 언니들이 실망할까 걱정했지만 곤드레 뚝배기 밥과 정갈한 반찬에 식탐이 절로 생겨 모두들 반찬 하나 남김없이 뚝딱 해치웠다.

　이제 모든 여행은 끝났다. 그러나 우리 모두의 마음 여행은 지속될 것이다. 앞으로 살면서 이번 여행을 계속 되새기며 추억할 것이니까…. 3박 4일이라는 길면 길고 짧다면 짧은 이 여행은 이제까지의 어떤 여행보다 값지고 아름다운 여행이었음을 우리 모두는 추억할 것이다. 막내 동주가 함께 하지 못했음이 못내 섭섭했다. 함께 여행한 언니들에게 감사한다.

　　　　　　　　　　　2011년 11월 1일(화) ~ 11월 4일(금)
　　　　　　　　　　　우연히 발견하여 읽게 된 아내가 쓴 여행 일지를
　　　　　　　　　　　　　　기록을 위해 여기에 남겨 둔다

도락 道樂-책, 식食, 문화

또 하나 있으니
인간의 머리와 가슴-이성과 감성을
바르게 움직여 진화할 무엇
도道를 깨달아 스스로 즐기는
도락道樂-**책, 식**食**, 문화**다

자유로움 그리고 평온

휴일을 맞아 오랜만에 걸프만 해변가 스타벅스에 앉아 고요한 바다를 바라보며 늦은 브런치를 드니 무척 평화로운 마음이다. 쉘브shelve에 놓여 있는 잡지에 예쁜 사진들이 있어서 찍기도 하고.

"예술이란 자기표현과 자유로움의 유일한 형태이며,
그곳에는 결코 옳고 그름이란 존재하지 않는다.
자유 그리고 그 자유로움을 즐겨라."

잡지의 내용이 멀리 보이는 바다의 고요하고 평화로운 모습과 조화를 이루는 듯하다. 자유로움, 아니 자유 그 자체를 이곳에서 느낄 수 있어 좋은 하루다!

쿠웨이트 걸프만 해안가에서

브레이브 하트 Brave Heart

〈브레이브 하트 Brave Heart〉
2004년 작품
감독: 멜 깁슨
출연: 멜 깁슨, 소피 마르소

이 세상, 지구 땅덩어리에 존재하는 인간이 지닌 일체의 모든 요소들(조국, 자유, 정의, 용기, 열정, 지혜, 사랑, 미움, 배신, 복수, 의리, 인내, 절제, 정치, 전쟁, 음모, 비열한 야망, 모략, 분노, 고통, 편견, 지도자의 길, noblesse oblige)을 이 영화 한 편이 말해 주고 있다. OST는 더할 나위 없이 훌륭하며, 종종 보여 주는 spectacle한 전쟁 scene 또한 볼만하다.

이제는 영겁의 시간으로 사라져 가는 2023년, 계묘년의 세밑이다. 지난 시간 우리의 깊은 심상에 침전되어 있는, 〈브레이브 하트〉가 얘기하는 저 수많은 어휘들을 다시 한번 음미하며 계묘년의 종언과 새해인 갑진년의 떠오르는 태양을 고대해 보자.

김포골 작은 서재에서

하얀 외로움·등불·가을

팬스런 아쉬움
서늘한 바람 속
흔적 남기고

살포시
땅거미 내리는
호젓한 가을 저녁

하얀 외로움
자작할 때에

어디선가
어렴풋한 '등불'
색소폰 소리
여기 띄우네

동기 이승규 형의 색소폰 연주를 들으며
땅거미 내리는 김포골에서

무릇 영웅이란

아래의 내 글('무릇 영웅이란')을 쓴 이후에, 본 내용을 뒷받침이라도 하듯, 조선일보에 안중근을 주제로 한 최근의 영화 〈영웅〉과 김훈의 소설 《하얼빈》이 안중근 의사에 대한 역사적 진실을 심각하게 왜곡했다고 비판하는 도진수 창원대 교수[15]의 논문 내용이 조선일보 2023년 2월 10일 자(영화 〈영웅〉) 및 2022년 11월 14일 자(김훈의 소설 《하얼빈》)에 게재되었다. 아래의 나의 글에서 지적한 바 있는 큰 우려가 다시 한번 현실적으로 입증된 것으로서 심히 유감스러운 마음이다.

무릇 영웅이란

"무릇 영웅이란 능히 굽히기도 하고 능히 버티기도 하는 것이라, 목적을 성취하기 위해서 마땅히 공公의 말을 따르겠소."

자신이 한번 뜻한 일은 죽음을 불사하는 안중근이었지만, 시간을 다투며 변화하는 상황에 유연하게 대처하는 그의 면모는 지극히 겸손하기도 하였음을 이를 통해 알 수 있다.

---

[15] 한국 근현대사 사학자, 안중근 전문가, 대표적 독립운동사 연구가

"우리가 국가에 생명을 바치는 것은 지사志士의 본분이거늘 이토록 학대를 가함은 부당하다. 음식물 등도 이렇게 조잡한 것을 제공하여 먹을 수가 없으니 우리들을 대신大臣으로 대우하라."
(안중근이 호송하는 일본 경관에게 호통)

"…그때(이토 히로부미를 암살할 당시) 양도洋刀[16]를 소지하고 있었던 것은 자살 또는 저항의 뜻이 아니다. 이토를 죽이는 일이 악사惡事[17]가 아니거늘 어찌하여 자살 또는 도망을 기도하리오."
(안중근의 법원 공판 진술)

"…나는 한 개인의 자격으로서가 아니라 대한의군의 참모중장으로 이번 거사를 감행하였은즉 나는 의전義戰[18]의 포로 된 자이니 보통 형사 피고인으로 처리함은 부당하다."
(안중근의 법원 공판 최후 진술)

그의 의義와 기개氣槪의 높이는 끝없이 하늘을 찌르고, 그 뜻과 의지의 깊이는 가없는 바다의 심연에 닿아 있다. 소설이 사실 구성이 아닌 허구인 것은 사실이지만, 조정래의 《태백산맥》이란 소설이 우리 역사의 사실과 진실을 왜곡함이 도度를

---

16) 서양식 주머니칼
17) 악한 일
18) 정의를 위한 전쟁

넘고 이념적 편향 또한 심히 염려스럽다 함을 한참 이후에나 알게 되어, 가뜩이나 허구이므로 평생 관심을 별로 두지 않았던 소설 등에 커다란 회의를 느끼고 있던 차에, 얼마 전 유명 서점의 베스트 셀러가 김훈 작가가 쓴 안중근 의사를 소설화한 《하얼빈》이라는 책이라 하여, 이 또한 혹이나 《태백산맥》처럼 안중근의 삶이나 사상 등을 왜곡한 내용이 있는 건 아닐까 하는(그 전체 내용을 읽어 보지 않았으므로 잘 모른다) 우려로, 소설을 읽으니 차라리 안중근 자신이 쓴 자서전을 직접 읽는 것이 마땅하다는 생각을 하였다. (그것은 《칼의 노래》라는 소설 대신 이순신 장군 자신이 직접 기록한 《난중일기》를 읽는 것과 같다.)

 안중근은 사형을 5개월 여 앞두고 중국 랴오닝성 뤼쏜旅順 옥중에서 쓴 자서전에서 자신의 특성을 다음과 같이 네 가지로 얘기했다. 첫째는 친구와 의義를 맺는 것이요, 둘째는 술 마시고 노래하고 춤추는 것이요, 셋째는 총으로 사냥하는 것이요, 넷째는 날쌘 말을 타고 달리는 것이었다. 그러나 그가 그토록 두주불사斗酒不辭하던 술도 그와 뜻을 같이하셨던 아버지의 죽음에 이르러서는 독립하는 날까지 끊기로 맹세했다. 그가 오직 조국 독립만을 위해 목숨을 아끼지 않은 투철한 지사 정신의 소유자인 것은 대한인大韓人 누구나가 다 아는 바이지만, 그가 요동치던 19세기 말 당시 세계사의 역동적 흐름에 대해 정확하고 상세한 많은 정보를 알고 있었음은 물론, 철저한 분석을 통해 대안(동양평화론, 전감前鑑, 인심결합론人心結合論 등)까지 제시하는 등의 진정한 의미에서의 역사학자이며 인문학자요, 세상의 철리哲理를 통찰력 있게 꿰뚫고 있던 위대한 사상가였다는 사실은 많이 알려져 있지 않은 듯하다. 또한 대한 독립의 고귀한 뜻을 품고 중국으로 건너간 그가 국내외 정세를 진중히 파악하기 위해 다양한 외국의 신문들을 구독하였음은 물론, 여러 많은 루트를 통해 귀중한 첩보 등을 수집하였다는 사실 또한 잘 알려져 있지 않다.

칠십여 명으로 2만 명의 동학당을 상대로 싸운 일, 일본군과의 전투 후 퇴각하면서 12일간 겨우 두 끼만으로 버티며 연일 폭우가 쏟아지는 와중에서 앞을 볼 수조차 없는 어둠의 험한 산과 계곡을 수없이 넘고, 목숨을 건 풍찬노숙風餐露宿[19]을 겪으며 두만강을 건넜던 사실들은, 인간 극한의 두려움을 넘어선 담력과 용기만으로는 얘기할 수 없는, 오직 조국 대한의 독립만을 위한 그의 숭고한 뜻과 강인한 의지의 소산이라고밖에는 말할 수 없을 것이다.

그가 17세의 나이에 천주교에 입신하여 수많은 고을들을 다니며 펼친 전도에 대한 열정은 말할 것도 없을 뿐더러, 전도 중에

---

19) 객지에서 수많은 고생을 겪음

행한 성경 설교들이 오늘까지 있어 온 여느 탁월한 강사의 설교보다도 논리가 정연하고 설득력이 뛰어난 내용임을 읽고, 이제껏 피상적으로만 알고 있던 안중근이라는 인물을 놀라움으로 다시금 돌아보게 되었다.

비록 32년의 짧은 생이었음에도, 그가 진솔하게 보여 주었던 아가페agape적인 박애 정신과 민족을 향한 순수한 사랑과 용기 등을 이 제한된 지면에 충분히 인용할 수 없어 유감스러울 뿐이다.

스스로를 지사요 영웅이라 칭하며 오로지 세상을 좀먹고 저질적인 진영과 이념적 편향에만 갇혀 있는 정치 사기꾼들이 도처에 깔려 있는 시대에, 안중근 의사가 시공간을 초월하여 보여 준 조국을 위한 지고지순한 뜻과 의지가, 오늘날 이 나라의 시민들의 가슴에 어떻게든 바르게 투영되어야 함이 마땅하건만….

가뜩이나 시디시린 찬 서리가 메마른 가슴에 내려앉는 때에, 을씨년스러운 귀뚜라미 울음소리만 허랑한 가을을 물들이고 있구나!

어느 토요일 저녁
김포골에서

천국으로 가는 계단Stairway to a heaven
- 레드 제플린Led Zeppelin

    혼란과 미몽 그리고 왜곡으로 얼룩진 지난 5년의 허망한 세월은 역사의 뒤안길로 보내고, 이제 록rock 뮤직의 전설 '천국으로 가는 계단'을 함께 오르는 것은 어떨까…. 이 곡은 멜로디와 리듬이 주는 탁월한 내적 감동으로 은은하고 고요하게 가슴을 촉촉이 적시는 음악이다. 미국 케네디 센터에서 후배 가수들의 공연을 보는 레전드legend 영국 록밴드 레드 제플린의 눈물 젖은 감격 어린 모습과 오바마 대통령 부부의 영상 모습이 이 공연을 더욱 뜻 깊게 하고 있다.
    어느 한 평론의 얘기를 보자.

"이 곡은 제1차 세계대전 때 사용된 독일 비행기 이름을 그룹명으로 정한 전설의 하드록 4인조 그룹 레드 제플린의 네 번째 앨범에 수록되어 있는 곡이다. 헤비메탈 사운드를 어쿠스틱 기타acoustic guitar[20] 리듬에 혼합시킨 테크닉과 심오한 이미지를 자아내는 멜로디 라인, 그리고 블루스 스타일의 요소까지 겸비한 음악적 효과는 가히 록 역사에 있어 최고의 헤비메탈 그룹임을 입증해 주는 역작이라고 할 수 있다."

    공연 가수가 열창하는 이 곡의 마지막 가사, "그녀는 천국의 계단

---
20) 자연스러운 소리를 내는 공명통이 달린 보통 기타

을 살 거예요and she's buying a stairway of heaven."라는 염원과 더불어 보다 맑고 푸른 봄의 기운을 깊이 호흡하며, 적어도 오늘만큼은 나 스스로의 '천국으로 가는 계단'을 마음속에 그려 보고자 한다.

마지막 노랫말 "a stairway…" 에 주목할 필요가 있다. 이곳에서 'a'는 일반 보통 관사이다. 다시 말하면, '천국의 계단'을 꿈꾸는 '누구나의 계단'을 얘기하고 있는 것이다. 이와는 달리 정관사를 사용 'the stairway라 했다면 '그' 계단은 오직 그녀만을 위한 '천국의 계단'이었을 것이다. 이 곡의 위대함은 바로 이 부분에 있지 아닌가 한다.

20대 대통령 확정되던 날
김포골 작은 서재에서

책, 나, 일상

　오늘날처럼 세상 돌아가는 형세가 요지경 같이 혼란스럽고 사는 게 만만찮을 때에는, 지인과 더불어 술이나 수다로 마음을 달래기도 하려니와 조용한 분위기에서 책을 가까이 하는 것도 가м하지 않을까 한다. 난세일수록 특히 나이 들어 세월이 낙화[21]와 같을수록 책을 가까이함이, 허무하고 허탄하게 흐르는 시간들의 유의미한 물막이가 될 수 있기 때문이다.

　자신의 두뇌를 생기 있게 하고 늘 그렇고 그런 일상을 변화시키는 방법의 하나로서 독서만큼 탁월한 것은 많지 않은 듯하다. 이제까지 책을 가까이 하지 않았더라도 시작이 반인지라 일단 관심을 가지고 첫 장을 넘기다 보면, 그 지평이 여러 분야로 점차 확장되고 수개월이 지나면 일상 자체가 조금씩 바뀌어 가고 있음을 스스로 깨닫게 된다.

　무엇보다 독서는 가성비가 뛰어나다. 밥 한두 끼 정도의 값이면 관심 있는 책 한 권을 용이하게 손에 넣을 수 있을 뿐 아니라, 얼마의 시간이라도 발품을 팔면 주변에 있는 도서관을 이용하여 대가 없이 두뇌와 몸을 refreshing할 수도 있다. 책을 읽으면 이제까지 전혀 알지 못했던 새로운 세계를 접함으로써, 미지의 곳을 탐험하는 듯한 신선하고 흥미진진한 흥분과 풍요로운 성취감까지 느낄 수 있

---

21) 꽃이 떨어짐

게 된다. 전반적인 사고의 영역이 넓어짐은 물론, 나름대로 세상을 경륜할 지혜의 깊이가 생기므로 주변 사물에 대한 통찰력 등이 적확해지는 느낌을 확연히 가질 수 있게 된다.

특히 책을 읽으면서 얻게 되는 가장 귀한 것은, 홀로 고요의 자리에 있게 됨으로써 그 자체로도 자신의 내면을 보다 심층화할 기회를 가질 수 있게 된다는 것이다.

혹이나 바쁜 일상으로 그럴 수 없었다면, 다가올 설 연휴에는 단 몇 시간만이라도 세상의 어느 한 구석이나마 짚어 볼 나름의 책 한 권으로, 홀로 '내 속'에서 '나만의 시간'을 만나 보는 건 어떨까.

'천상천하天上天下 유아독존唯我獨尊!' 이 세상 그 어느 곳에 '나'를 대신할 것이 다시 있겠는가. 오직 '내 속'에만 '내'가 있으니.

한겨울 가운데에서
김포 생태공원을 걸으며

살리는 글

　좋은 글은 절망의 늪에 빠진 사람을 하늘빛의 소망으로 나아가게 한다. 단 한 줄의 글이 사람의 삶을 온전히 변화시킬 뿐 아니라, 더 나아가 인류사의 발전을 이루었음을 역사는 말하고 있다. 주후 4세기 《고백록Confessions》을 쓴 성 아우구스티누스St. Augustinus의 삶이 그러하였고, 16세기 종교개혁가 마틴 루터Martin Luther, 존 칼뱅John Calvin, 그리고 18세기 감리교의 아버지 존 웨슬리John Wesley 등의 삶이 또한 그러하였다. 인류사에서 이러한 예를 찾는 것이 결코 어려운 일은 아니다. 이들 모두 로마서 성경 한 줄로부터 영적 감화를 받아 세계를 변화시켰다.

　　　　　"음악의 실제는 연주가 끝난 후
　　　　우리의 귀에 남아 있는 떨림에 있다."
레바논의 작가 칼릴 지브란(1883~1931)은 이렇게 감상자의 심상에 새겨진 것이 그 음악의 실제라고 했다.

　어느 칼럼리스트가 음악에 대해 이렇게 소개한 바가 있는데, '글의 실제' 또한 그러하다고 생각한다. "글의 실제는 독서가 끝난 후 우리의 영혼과 가슴에 남아 있는 떨림에 있다."라고. 그런 글을 늘 갈망해 왔다. 삶이 나를 속일 때에나 나 자신이 삶을 속일 때에 나를 살릴 수 있는 단 한 줄의 글, 그런 글을 갈구해 왔다.

뒤늦게나마 4반세기 전, 그런 목마름을 적셔 준 글이 있는데, 20세기 초 조선의 김교신 선생[22]과 그의 신앙의 스승 일본의 우치무라 간조(내촌감삼內村鑑三) 선생[23]의 글들이었다. 그들의 글은 세상 험한 파고에 지쳐 있던 영혼을 흔들고 육신을 일으켜, 오늘의 이런 삶의 자리에나마 서게 하였다. 그들의 글은 그들 자신이 일생에 걸쳐 혼신을 다하여 묵상과 기도로 일군 주옥같은 성경에 관한 글들이다. 그런 글을 통하여 나는 쉬이 가까이 하기 어려운 성경의 세계에 보다 친숙하게 다가갈 수 있었다. 돌이켜 보건대, 진정 산 사람의, 산

---

[22] 김교신(1901~1945): 함경남도 함흥에서 태어났다. 22세에 일본으로 건너가 도쿄고등사범학교를 다녔으며, 당시 저명한 기독교 사상가이며 무교회주의자인 일본의 우치무라 간조(내촌감삼)의 성서 연구 강의를 직접 듣고 기독교에 입신하면서, 진정한 기독교 신자가 되는 것이 조국을 구하는 길이라는 신념을 갖게 되었다. 1927년 졸업과 더불어 귀국하여 양정고등보통학교, 경기중학교 등에서 교사로 재직하며 월간지《성서조선》의 간행에 혼신의 힘을 쏟는다. 하지만 1942년 3월 호(제158호)에 실린 권두언 '조와(弔蛙)'(개구리의 죽음을 슬퍼한다는 내용)가 조선의 민족혼을 찬양한다는 혐의를 받으면서《성서조선》은 폐간되고, 신앙 동지들과 함께 서대문 형무소에서 1년 동안 옥고를 치르게 되는데, 이것이 이른바 '성서조선 사건'이다. 그토록 바라던 광복을 불과 넉 달 앞두고 1945년 4월 25일 타계했다.

[23] 우치무라 간조(내촌감삼, 1861~1930): 그는 일본 도쿄의 한 무사武士의 아들로 태어났다. 삿포로 농학교(현 홋카이도 대학의 전신) 시절 'Boys, be ambitious(소년이여, 야망을 가져라)'로 유명한 미국의 WS 클라크에게 감화를 받고 그리스도교 신자가 되었다. 그 후 미국 에머스트 대학에서 기독교의 진수를 터득하고 귀국하여 한때 교편을 잡기도 하였다. 그는 잡지 '성성(聖性)의 연구'를 간행하여, 당시의 일본 기성 교회가 기독교의 본질을 벗어나 제도, 조직 및 의식(儀式)에 집중하여 그 본연의 생명을 잃어 가고 있음을 비판하고 '무교회주의'를 주창하였다. 도쿄대학 총장을 역임한 야다이하라 다다오, 난바라 시게루 등의 저명한 기독교 사상가를 배출하여 일본의 사상적 근대화에 큰 영향을 끼쳤을 뿐만 아니라, 조선의 김교신 등을 통하여 우리나라에도 영향을 미쳤다. 저서에《구안록》, 영문으로 쓴《How I became Christian》등이 있다.

사람을 위한, 산 사람의 글을 끝없이 갈구해 온 소박한 여정에서, 나에게 성경이란 그저 글이 아닌 '산 사람다움'으로 세우는 '산 생명의 주추'가 아니었나 한다.

어둠이 점점 깊어지고, 하염없이 뒤척이는 밤이 늘어 빈 마음이 더욱 공허해지는 삭풍朔風의 계절에, 단 한 줄이라도 다시금 자신을 살릴 글을 찾아 순롓길을 떠나 볼 일이다.

11월의 어느 날
김포골 작은 서재에서

금식예찬

오래전부터 한 달에 두어 번씩 이틀이나 사흘 기간의 금식을 해오다가 한동안 하지 못했더니, 뱃살이 늘고 무엇보다 정신과 마음 그리고 육신의 이완弛緩이 말이 아니다.

다시금 작심을 하고 시작한 금식 하루 만에 잡념이 사라지고 정신이 집중되어 흐트러진 마음이 제법 가다듬어질 뿐 아니라, 무엇보다 물 이외에는 입으로 들어가는 것이 없으니 탐식에 시달렸던 육신 또한 더욱 맑아지는 느낌이다.

하루 24시간이 두 배 이상 된 듯하여 평소에 비해 한층 마음에 여유로움이 생긴다. 그러한 여유로움에 입 밖으로 나가는 말수까지 적어지니, 자신을 보다 깊이 바라볼 수 있게 되는 성찰의 계기가 되기도 한다. 입으로 들어가고(먹는 것) 나오는 것(말하는 것)이 우리네 일상에 얼마나 많은 부분을 차지하는지 자연스레 알게 되어 전체 삶에서의 이들의 비중이 얼마나 진중한지를 새삼 깨닫게 된다. 아니, 이들의 양적, 피상적 비중뿐 아니라 질적, 본질적 비중이 더욱 진중함을 알게 된다.

> "입에 들어가는 것이 사람을 더럽게 하는 것이 아니라
> 입에서 나오는 그것이 사람을 더럽게 하는 것이니라"
>
> (마태복음 15:11)

하나 더. 금식 기간 중에는 이상스레 자신을 시험이라도 하듯한 신경을 건드리는 일들이 제법 일어난다는 것이다. 예수의 광야 40일 동안의 금식 기간은 부와 권력과 명예와 명성에 대한 악마로부터의 집요하고 끈질긴 시험과 도전의 연속이었다. 그런 악마의 유혹을 물리치고 나서야 예수는 공생애의 일상을 시작할 수 있었다. 생각건대, 금식에는 잠시라도 이런저런 모양으로 우리의 영육을 비우게 함으로서, 영혼을 재탄생시키고 육신을 새롭게 재구성하는 원동력이 있어, 타성에 찌든 일상을 벗어나 전혀 고양高揚된 일상 궤도로 다시금 복귀시키는 무슨 비법이 있는 듯하다.

금식 후
김포골 작은 서재에서

다윈의 식탁 Darwin's Table

서재 창밖을 보노라면 멀리 산자락의 야트막한 언덕을 따라 아늑한 마을 길이 다소곳이 흐르고, 주변에는 예스러운 시골 마을이 고즈넉하게 자리하고 있다. 어쩌다 산봉우리를 정점으로 마을 전체를 감싸는 운무가 피어오를 때는, 신비로운 풍광이 무릉도원처럼 눈앞에 펼쳐지곤 한다. 그때마다 환상 속에 떠 있는 듯한 존재의 본질에 대한 의문이 솟아오른다. "나란 존재는 어디에서 시작되어 여기까지 왔는가?"라는 의문은 다윈의 진화론에 대한 궁금증으로 이끌었다.

독실하다 할 순 없으나 스스로가 기독교인이라 여기며 오랜 세월을 살아왔다. 대부분의 기독교인들이 창조론을 믿긴 하지만, 내 경우는 오히려 진화론進化論에 관심이 있었는데, 때마침 그에 대한 기본적 지식을 가져다줄 책 한 권을 발견하였다. 서울대학교 자유전공학부 장대익 교수의 《다윈의 식탁 Darwin's Table》이다.

> "사후세계에 집착하는 종교는
> 사람들을 언제든 살인 무기로 만들 수 있는
> 정신 바이러스 virus of mind의 일종이다."

철저한 무신론자이며 저명한 진화론자인 영국 옥스퍼드 대학교의 리처드 도킨스 R.Dawkins 교수의 지론이다. 종교를 가지고 있는 사람들에게는 대단히 도발적인 언급이 아닐 수 없다. 이에 대해, 같은 진화론자지만 전혀 다른 관점으로 도킨스 교수와 평생에 걸쳐 대척점對蹠點에 서 있는 미국 하버드 대학교의 스티븐 제이 굴드 Stephen J. Gould 교수의 말에 더 많은 공감이 간다.

"종교와 과학은 각자 자기만의 탐구 영역과 방법론 그리고 해답을 가지고 있으며, 과학은 사실적 지식의 영역, 종교는 가치와 의미의 영역에서 봉사한다. 과학과 종교가 서로를 존중할 때 인류의 삶은 더 풍성해질 것이다. 도킨스 교수처럼 종교를 못 잡아먹어서 안달하면, 인류가 그동안 쌓아 놓은 전통의 반 이상을 그냥 날려 버리는 수가 있다."

세계적으로 저명한 진화론자들이 한 테이블에 모여 치열하게 논쟁하는 내용을 생생하고 흥미롭게 보여 주는 책으로서, 지적 탐구를 위하여 읽어 볼 만한 과학서가 아닌가 한다. 이 책은 진화론의 각론으로서 교과서와 같은 화석화된 지식이 아닌, 진화를 둘러싼 전문가들의 열띤 논쟁을 현장에서 진행형으로 그대로 보여 주는 책이다. 어려운 내용의 논쟁을 편안한 마음으로 이해할 수 있는 책이어서 일독을 권한다.

봄을 잊은 쌀쌀한 일요일 오후
김포골 작은 서재에서

반일 종족주의
- 이영훈(서울대 경제학부 교수, 박사) 외 저

    강렬한 흥분과 감동, 한편으론 나 자신의 무지를 일깨워 준 책이다. 이 책은 이제껏 몽환 중에 떠밀려 알고 있던 우리 역사에 대한 상상 이상의 엄청난 반전을 내용으로 하고 있으며, 저자가 명백한 실증적 자료들과 학자적 양심으로 평생에 걸쳐 연구한 논문이다.

    해당 학계에서는 논문 내용이 당연히 인지되고 있었지만, 정치적 국수주의적 이유로 그리고 국민 정서상 이유로 그 진실에 대한 논의가 전혀 이루어진 적이 없으며, 그로 인해 오히려 역사의 진실을 은폐하려는 음습한 의도가 내면에 깔려 있지 않은가 하는 의구심도 든다.

    근래의 한일 외교 갈등을 근원부터 이해하는 데 매우 뜻있는 도움이 될 수 있는 귀한 자료라 생각한다. 국민 한 사람 한 사람이 자유인으로서 교양 있고 선진화된 근대인이 되기 위해서는 그릇되게 서술된 역사의 굴레에서 해방되어야 한다는 그의 멘트에 폭넓은 공감이 느껴진다. 우리 역사를 올바르게 알 뿐만 아니라 정정당당한 관점에서의 비판 의식 또한 절실히 요구되는 시점이다.

회색 구름이 짙게 드리운 7월
김포골 작은 서재에서

왕의 신전 Temple of the King

- 보컬 Ritchie Blackmore

옳고 그름이 무언지…

가끔은
정신을 잠시 옆으로 밀어 놓고
일상을 보냄도 필요한 것

미쳐 가는 세상에
오리지널 사운드로 듣는 보컬 Ritchie Blackmore의
"Temple of the King(왕의 신전)"
새롭게 영혼의 깨움을 선사하는 멋진 곡

역사의 영원한 숙제
마추픽추 Machu Picchu(잉카제국)의
'왕의 신전'이 떠오르는 것은
느닷없는 환상이
오늘의 현실을
깨우기도 하니…

세상이 바뀌어 가는 게
꼭 코로나19$_{covid}$ 때문은 아닌 듯하다
그레고리력의 지난 2천 년의 시간이
이제는
전혀 다른 세상을 요구하고 있는 것이 아닌가 하는
강렬한 느낌이 든다

제 정신이 아닌 8월의 열기 속
김포골 골방 서재에서

변명 아닌 변명

세기의 문호 괴테 J.W.von Goethe(1749~1832)가 10여 년간 그를 가장 가까이서 보필해 온 문학 조수이자 시인인 에커만 Eckemann 으로부터 다음과 같은 질문을 받았다.

"만일 당신 홀로 무인도에 가야 할 일이 생긴다면 무엇을 가지고 가고 싶은가?"

괴테는 망설이지 않고 대답했다.

"시집과 아름다운 여인과 와인 이 세 가지만은 반드시 가지고 갈 것이다."

괴테가 시집을 언급한 것은 당연하겠지만, 그 다음 두 가지에 대해서는 많이 알려지지 않은 얘기인데, 역사가들의 연구에 의하면 괴테는 가는 곳마다 여성들과 연분을 뿌리고 끼마다 와인을 거르지 않은 주당酒黨이었다는 사실이다. 프로테스탄트(개신교)의 시조始祖라 할 종교개혁가 마르틴 루터 Martin Luther(1483~1546)의 경우도, 맥주를 너무 즐겨 한 나머지 아내인 카타리나 폰 보라 K.von Bora가 아예 집에서 맥주를 담가 평생 남편 뒷바라지를 했을 정도였다.

시인인 고려대 이영광 교수는 이런 얘기를 한다.

"영감靈感과 시인 사이에는 상식과 통념이란 장벽이 놓여 있다.
제도와 규범으로 경직된 이 울타리 너머의 말들을 들으려면
역시나 제정신이나 계산속을 좀 내려놔야 할 것 같다.
시인들이 때로 딴 세상에 사는 듯 보이는 것도 이와 관계가 깊다."

평생 술을 즐겨 온 경험에 의하면, 술을 마시면 어찌됐든 제정신이나 계산속은 분명 100% 내려놓게 된다는 사실이다. 보잘것없는 글들이지만 내 글의 어느 정도의 부분은 술을 먹고 쓴 글인 듯싶다. 지나친 술은 육과 정신과 영혼을 훼파毁破시킬 수 있으나, 적당한 술이 이영광 시인의 말대로 상식의 저지선 너머에 있는 어떤 진실의 메시지를 타전하는 영감을 가져다줌은 사실이다. 그 영감이 글을 쓰게 하는 것이다.

이번 출간된 책에 대해 내게 보내 준 많은 벗과 친지들의 진심 어린 격려에 말할 수 없는 감사가 앞선다. 그런 격려 중에 평소 내 주량을 잘 알고 있는 이들이, 그리 술을 좋아하면서 어찌 책을 냈느냐고 하는, 건강에 대한 염려와 더불어 의아해하는 내용들이 있어 잠시 변명 아닌 변명을 여기 내놓는다.

어느 주(酒)일에
김포골 작은 서재에서

홀로인 지금

얼마 전 제주도에 도착한 후 몇 날에 불과하지만 화창한 날씨 덕에 감사히 잘 다니고 있다. 오늘은 비가 내리니 숙소에서 머물며 책도 읽고 밀린 글도 쓸 생각이다. 넘치는 마음 갖지 않으니 모든 게 순조롭다. 이곳에 와서까지 바쁘게 움직이고 싶은 맘은 없다. 그저 조용히 맘 닿는 대로 걷고 지내며 머무는 동안 그리할 것이다. 느림이 허락한 풍요로운 시간이랄까. 나 아닌 사람과의 대화란 올레길센터 직원과의 대화가 전부다. 그게 좋다. 조용함이 좋다. 그리고 홀로가 좋다.

봄 같은 1월의 날에
제주도 서귀포에서

사합예찬 四合禮讚

술은 한없이 즐기되 그다음 날 호쾌한 기분으로 깨어나 언제 그랬냐는 듯 깔끔한 하루를 보내고 싶다는 것이 평소 술을 즐기는 사람들의 유일한 바람일 것이다. 뭔 놈의 어불성설이냐 하겠지만 근래 실제 그런 경험이 있다.

20여 년의 오랜 성상星霜이 서려 있는 주우酒友가 이끄는 대로 간 집이다. 인터넷을 통해 미리 본 메뉴가 싫은 건 아니지만, 평소 그리 즐기던 것들은 아닌지라 별 기대감이 없었다.

그런데 잠시 후 주류에 걸맞은 다소 찌그러진 모양의 양푼에 가득 담긴, 먹음직스러운 탄산은 별로 없지만 바라만 봐도 침이 고이고 짙은 향이 코끝을 간질거리는 가정식 뽀얀 막걸리, 색깔부터 먹음직한 입맛을 돋우는 묵은지, 엇비슷이 얇게 썰어 고이 접시에 담아 온 천연 발효식 홍어와 지방을 쏙 뺀 보쌈. 이런 well-being식 음식이 등장하는 것 아닌가!

제법 많은 양의 막걸리를 들이켰다고 생각했는데, 웬일인가. 그다음 날의 호쾌한 느낌이란! 평생 별로 경험해 보지 못한 기분이었다. 그야말로 최상 찰떡궁합의 웰빙 사합식의 증명이 아니겠는가. 보다 깔끔한 그다음 날을 위한 tip을 굳이 덧붙이자면, 막걸리만 취取하고 다른 술과는 섞어 먹지 않는다는 것. 그리고 홍어와 보쌈이 여타 집과는 다르게 얇고 작은 크기로 썰려져 나와 홍어, 보쌈, 묵은지의 삼

합을 쉬이 궁리하여 목젖에 태워 넘길 수 있어 지속적으로 손이 가니, 보약(?)으로서도 충분한 양을 취하라는 것.

  일 년 내내 우리의 온 일상을 뒤틀림 속에 몰아넣는 역병과의 전투가 여전하긴 하지만, 오히려 그것을 단호히 퇴치하고 서로 간의 사랑과 우정을 보다 공고히 해 줄, 세歲밑을 마무리하며 기꺼이 맞이할 상床차림이다. 이름하여, 영등포구청역에 위치한 주점 '홍탁마을'이다.

역병의 12월
김포골 작은 서재에서

도락의 순례길

한 달에 두서너 번은 광화문을 간다. 책 순례 등을 위해서다. 그곳이 예전부터 책 순례에 마땅한 대형 서점들이 서로 가까이 위치해 있을 뿐 아니라 볼거리, 먹거리 또한 다양한 곳이기 때문이다. 전철역 출구 밖을 나오니 온 거리의 지평이 미세먼지로 뿌옇다. 가끔 벗들과 가던 골목 구석진 곳에 자리한 닭곰탕 노포老鋪에서 한 그릇을 비우고, 평이 좋은 영화 한 편을 감상한 후 거리에 나오니 오후 6시가 다 되었다.

느닷없는 이 거리에 대한 느낌. 젊으나 늙으나 성공이라는 신화를 일구기 위해 인생 전체를 바친 자들이 즐비했던 악명(?) 높은 거리 아닌가. 살려고 발버둥 쳤던, 그럼에도 당시는 그 모습이 어찌 그리 멋져 보였던지…. 근데 성공 신화라니. 흥한 놈들보다 망한 놈들이 더 즐비했다. 농담이 됐든 진담이 됐든 그런 지난 일들 하나하나가 거리에 뚜렷이 투영되어 나타나는 듯하니 내심 부끄러움이 앞선다.

그런 기분을 떨쳐 버리려 시원한 맥주 한 잔 들이켤 만한 바$_{bar}$를 찾았다. 처음 들어 본 맥주. 헤벌리 맥주$_{Heverlee\ Draught\ Beer}$, 4.8%, 벨지움산. 꽤 괜찮은 맛이다. 한참 혼술을 즐긴 후 얼큰한 모습으로 거리에 나서니 그렇잖아도 뿌연 미세먼지가 어둠 속 가로등 빛을 받아 더욱 짙은 분위기를 띠며 주변을 덮고 있다. 그려~ 어찌 보면 우리 인생 또한 그런 먼지 속의 외로운 순롓길일 뿐이야!

미세먼지 짙은 날
광화문 거리에서

영화 <펜스> 이야기

<펜스 Fences>
2016년 작품
감독: 덴젤 워싱턴
출연: 덴젤 워싱턴, 비올라 데이비스

　시작부터 끝까지 영화 전편全篇에 잔잔하게 깔린 색조가 마치 한 치 앞도 내다볼 수 없는 미궁과도 같은 우리네 인생 모습 그대로인지라 유심히 들여다보았다. 서민들의 일상적 삶에서의 심리 묘사를 매우 현실적이고 정교하게 그려 내어 특별한 감동이 절로 가슴에 이는 탁월한 영화다.

"난 태어날 때부터 투two 스트라이크였어.
삼진 아웃은 당하지 않아야 할 텐데….
사는 게 늘 아슬아슬해."
"난 내가 대접받는 곳에서 물건을 사고 싶어.
비록 값은 비싸지만.
힘들어 번 돈으로 왜 대접받지 못하는 가게에서 사야 돼?"
"살아가는 건 그저 내 마음을 따를 뿐."

- 영화 <펜스> 대사 중에서 -

보는 내내 그때그때의 느낌이 이끌어 주는 대로, 내가 살며 겪었던 모양대로 가슴에 담는 것이 좋은 그런 영화다. 어찌 그런 대사가 나올 수 있는 것인지. 어쩌면 내용이 그렇게 한국적인지.

"아버지와 서로 안 맞았던 건 알지만,
아버지를 무시한다고 해서 네가 어른이 되는 건 아니다.
네가 아무리 돌아가신 아버지를 증오하고
장례식에조차 가지 않으려 하지만,
내가 보기엔 너는 꼭 닮은 네 아버지다."

- 영화 〈펜스〉 대사 중에서 -

이 영화의 압권은 단연코 아내(로즈) 역의 비올라 데이비스와 남편(트로이) 역의 덴젤 워싱턴이 외치듯 냉소적으로 쏟아 내는 수많은 대사들이다. 그 언어들은 바깥세상을 향하여 절규하며 쏟아 내는 우리의 사고와 의지를 표현하는 바로 우리 모두의 언어다. 세상에 난무하는 인종차별, 불평등, 속임수, 거짓말, 위선 또 불의 등과 같은 넘기 벅찬 장벽을 향하여 던지는 고통스러운 언어들이기도 하여, 그 의미 하나하나가 비수와 같이 마음 깊은 곳까지 꽂힌다. 결국 그 모든 것에의 이김(승리)은 영화의 마지막 장면이 보여 주는 바, 저 먼 하늘의 조각구름을 뚫고 찬란하게 쏟아져 내리는 사랑과 평화의 빛이다.

모래 바람 부는 쿠웨이트의 골방에서

여유의 가치

일주일에 하루, 그것도 겨우 오전 약 3시간여의 짧은 시간의 쉼인데도, 그것이 내게 주는 여유의 풍요로운 가치가 참으로 귀하다. 보다 멋스러운 여유를 가장假裝(?)하기 위해 네스프레소 커피 한 잔을 따른다. 이 한적한 봄날, 아침의 풍요로움을 가슴에 담고 커피 한 잔 마시며 한껏 책에 빠지고 싶다…. 벌써 눈 깜빡할 사이, 3시간이 지나고 또 다른 일상을 위해 여유를 뒤로하고 나갈 시간이 되었다. 내주의 또 다른 여유의 풍요로움을 기대하며….

맑은 봄날 아침
봄볕이 흐르는 거실에서

조용필, 그리고 그의 노래

　미국의 록 싱어 밥 딜런Bob Dylan의 노벨 문학상 수상 소식을 들으니 느닷없이 조용필이 떠오른다. 하루의 상당 시간을 차 안에 있다 보니 듣는 것은 조용필을 비롯한 김경호, 김종서, 박완규, 김건모 등의 노래들과 BBC 방송뿐이다. USB에 수록된 수십 곡이 넘는 노래를 수없이 반복해 들으니 나름 그들에 대한 평가를 하게 되는데, 그 중 조용필을 '가왕'이라 부르는 이유를 보다 잘 이해하게 되었다.

　무엇보다 그가 다른 가수들과 비교할 수 없는 현저한 차이점은, 그가 매우 안정되고 뛰어난 가창력의 소유자란 사실이다. 그것이 말하는 바는, 목소리가 높은 음까지 올라간다는 것에 더하여 높은 음에도 불구하고 듣는 사람이 매우 편안함을 느낄 수 있다는 의미이다. 언제나 그의 보이스는 나에게 편안함과 안정감을 준다.

　그런 느낌은 어디서 비롯되는 것일까? 어느 분야에서나 뛰어난 사람들이 있는데, 그들의 진면목을 자세히 살펴보면 몇 가지 공통점이 있다. 무엇보다 가지고 태어난 천재성이다. 그의 경우 음악의 모든 부문을 아우르는 천재성을 가지고 있다. 록, 팝(대중가요), 블루스, R&B(리듬 앤 블루스), 재즈, 컨트리 음악 등, 그의 목소리로 표현하지 못할 어떠한 장르도 없는 듯하다. 또 하나는, 그의 진지한 프로 정신이다. 이는 곧 천직天職 정신[24]이다. 그는 하루도 거르지 않고 매

---
24)　자기 직업을 하늘로서 받은 것으로 생각하는 정신

일 10시간 이상을 노래 연습에 투자하며 또 세계 대중 음악계의 흐름을 쉼 없이 연구, 분석하여 내면화하는 일을 멈추지 않는다고 한다. 그 노래의 천재가.

그러한 정신의 뿌리는 열정$_{passion}$이다. 그리고 그 열정을 이루는 근본은 순수한 성실이며, 나날의 뼈를 깎는, 무서울 정도로 엄격한 자기성찰과 자기관리이다. 그러한 내면의 도道(선천적 천재성과 후천적 성실성)가 밖으로 표출될 때에는 받아들이는 상대의 가슴을 깊이 울리는 특성이 있다. 한마디로 내면의 도가 전하는 진정성이다. 나는 그가 가지고 있는 이러한 진정성이 그런 편안함과 안정감을 주고 있다고 생각한다.

이 시대의 가왕 조용필의 보이스에는 그가 살아온 그리고 나와 함께한 시대에 대한 우리 세대만의 순수한 정한情恨이 깊이 서려 있다. 특별히 즐겨 듣는 그의 노래, '한강'(이 노래의 가사는 돌아가신 어머니의 모습을 특히 연상시킨다), '간양록', '고독한 런너' 등을 이 고요한 휴일에 다시 한번 들어 보련다.

금요일 휴일
쿠웨이트에서

사계四季가 품은 내 속(생각)의 역사

역사는 있는 그대로 볼 것이다. 왜곡하여 바라볼 것이 아니다. 그러나 '쓰여 있는 그대로 본다'는 데에는 다소 문제가 있다. 왜냐하면 그것은 역사의 주인공이 겪었던 'fact사실'가 아닌, 그 'fact'를 '수집하거나 들은' 제3자 곧 '그 역사를 기록한 자의 기록'을 본다는 얘기이기 때문이다. 그러므로 역사를 올바로 이해하는 데에는 다소의 딜레마가 있다. 쓰인 역사는 그 역사의 실체fact가 아니기 때문이다. 오늘날 우리가 이해하고 있는 역사란 '그 실체를 겪지 않은 자의 기록'이라는 사실을 알고 '역사'를 이해할 일이다.

수년 전부터 시간이 허락하는 대로 에세이라 할 수 있는 《사계가 품은 내 속(생각)의 역사》를 쓰며, 주변의 지인들에게 전하고 있다. 내가 학문적 글을 쓸 능력은 없으나, 자신의 얘기는 쓸 수 있지 않을까 하는 생각으로 시작한 일이다. 바로 '내가 보고 느끼는 당시의 사실(속생각의 실實역사)'을 그대로 써서 전하고자 한 것이다. 나의 속생각의 얘기가 타인에게는 전혀 관심될 얘기도 아니겠지만, 적어도 나와 연결된 많은 자손들에게는 나름의 역사성을 의미할 수도 있다는 생각인 것이다. '속 역사'가 바로 그 자리에 서 있는 자의 직접 쓴 글을 통해 자손들에게 전달될 수 있다면 그처럼 의미 있는 일이 또 어디 있을까?

지난해 어머니마저 돌아가신 후 그분들이 그리울 때마다 남아 있는 사진만 바라볼 수밖에 없는 것이 못내 아쉬웠다. 사진 외에는 남아 있는 것이 아무것도 없으니 그분들의 깊은 속생각을 제대로 알 도리가 없다. 돌아가신 지금 그것이 무척 아쉽다.

속생각의 가장 바람직하고 진솔한 표현은 그것을 글로 남기는 일이다. 그 이상의 좋은 표현을 생각하기가 쉽지 않다. 글을 잘 쓰고 못 쓰고가 무슨 상관 있으랴. 내 속생각을 내 방식대로 표현하는 것이 가장 나다운 것이 아니겠는가? 다행히도 그 글이 상대와 함께 공명, 공감될 수 있다면 금상첨화가 되겠지만.

남은 인생에 꼭 해야 할 일 중 하나다. 적어도 자손들의 살아가는 여정에 하나의 '산 역사'로서 나름의 작은 길잡이라도 되었으면 하는 소망으로. 올 한 해의 세 번째 언덕(삼사분기)을 넘어서는 이즈음 한숨 돌아 뒤를 돌아보고, 남은 언덕 하나(남은 삼 개월) 어찌 살아 볼까 하는 생각으로 이렇게 오늘도 '나의 속생각의 역사'를 쓴다.

한적한 어느 휴일
쿠웨이트에서

중동의 눈으로 본 예수

- 케네스 베일리 저

　지난번 휴가를 끝내고 이곳으로 돌아올 때 가지고 온 책인데, 새로운 관점에서 성경을 볼 수 있어 매우 참신하고 배움이 가득한 책이다. 성경을 팔레스타인의 전통과 역사에 입각해서 재조명했는데, 예수 탄생에 대한 서양 관점의 기존 해석들이 오독(誤讀)한 부분이 많은 듯하다며 그 한 예로, 예수는 우리가 아는 마구간에서 태어난 게 아니라는 주장을 하고 있다.

　기독교인이든 아니든 성경은 일생에 한 번은 읽어 보는 것이 유효하다. 좋아하든 싫어하든 지식과 교양으로 신문을 보듯 한 번이라도 읽어 볼 가치가 있는 책이기 때문이다. 이제껏 내 나름대로 성경 공부를 하고 있지만, 이 책처럼 전문적인 식견으로 전혀 다른 시각에서 저술된 연구서는 보지 못했다. 기회가 되면 읽어 볼 것을 강추한다.

휴일인 금요일
두바이에서

허리케인 카터 The Hurricane

⟨허리케인 카터 The Hurricane⟩
1999년 작품
감독: 노만 주이슨
출연: 덴젤 워싱턴

덴젤 워싱턴 Denzel Washington이 주연한, 불운의 복서 허리케인 카터의 실화를 바탕으로 한 영화이다. 살인 누명을 쓴 채 연방 법원의 최종 평결로 석방될 때까지 22년 동안의 '올바른 정의'(자신을 살인자로 만든 검찰 및 경찰이 얘기하는 '정의'를 빗대어 한 말)를 위한 그의 감옥 안에서의 투쟁 기록이다.

> "증오가 나를 감옥에 가두었더니 사랑이 나를 풀어 주는 구나."
> - 자신의 석방을 위해 헌신적 노력을 기울여 온 한 흑인 캐나다 젊은이에게 카터가 면회 시에 한 말 -

결국, 이 영화는 사랑과 올바른 사회 정의가 실현되는 곳이야말로 인간이 가장 인간답게 살 수 있는 곳이라는 것을 얘기하고 있으며, 또한 내면에 그토록 오랫동안 똬리를 튼 채 끈질기게 자라 흑인의 삶으로서의 깊은 한恨으로 남겨진 무서운 증오가 그의 인생을 어떻게 이끌어 갔으며, 어떻게 한 타인의 사랑에 의해 해방될 수 있는가를 감동적으로 보여 준 이야기이다.

사랑! 타인에 대한 사랑이, 작금 사우디에서의 시아파 지도자들의 처형으로 다시금 요동치기 시작한 중동의 종교 분쟁 위기에서 떠오름이 그저 마음의 사치로만 치부할 것은 아닌가 한다.

중동 분쟁의 소용돌이의 한 자락 쿠웨이트에서
잠시 생각에 잠기다

인문학에 대한 생각

    인문학은 말 그대로 인간에 대한 학문이니 머리와 가슴이 완전히 열려 있는 젊은 시절에 집중적으로 배우는 것이 매우 중요하고 효과가 다대할 것은 사실일 걸세. 그런데 살아 보니 인문학은 인생을 좀 살아 본 사람들이 공부하면 더더욱 깊이가 있지 않을까도 생각해. 결국 인문학이란 인생 얘기니까. 누구의 노래 가사대로 고독한 인생길의 낮은 곳과 높은 곳 등에서 다대 다양한 삶의 흔적들을 남겨 온 사람이 그런 공부를 한다면, 말년의 길이 더욱 뜻깊지 않을까 생각하네.

- 지우의 답신-
    공감 100%. 같은 책을 읽어도 젊어서는 그냥 넘어갔던 구절이 새로이 다가오더군. 어제 카를 융의 자서전을 읽어 보니 80세 중반의 노학자가 아직도 자기 자신이 누군지 잘 모르겠다 하더라구. 나날이 살아가게 하는 그것이 무엇인지 하나로 규정하기가 어렵다는 거지. 나이를 잘 먹는다는 것은 깊은 성찰을 통해 삶의 본질에 더 가까이 가는 것인가 싶네.

책을 읽으며
쿠웨이트에서

추억-흔적

모든 것은 흘러 지나감이다
다시는 돌이켜 보고 듣고 느낄 수 없는 것들
추억-흔적이다

두 개의 창

　살아온 인생 길이의 반 세월을 훨씬 넘어 다녀온 곳이었다. 40년! 그래도 떠날 때는 그리운 고향일 수도 있다는, 아무래도 낯설지는 않을 곳이라 생각했는데… 멈춤 없이 흐른 세월, 그 긴 세월이 이곳과 나를 떼어 놓은 건 무엇일까?
　한때는 모래바람 날리던 황량한 사막이 지금은 수많은 사람들이 분주하게 거니는 거리가 되었다. 사막이 바뀌어 도시가 되고 바다가 변하여 화려한 조명의 branding한 호텔들이 즐비한 곳이 되었다. 그야말로 상전벽해!
　아쉬운 마음에 새벽마다 수평선이 끝없는 홍해 Red Sea 해변가를 거닐며 옛날을 회상하고자 하나, 그 시절의 사막과 바다가 주었던 비전, 도전, 열정 그리고 낭만은 어디에도 찾아 볼 수 없었다. 그저 늙음의 자리에 뜬금없이 서 있을 수밖에 없었다. 네온사인이 화려한 도시의 구석진 자리에 비껴 서서….
　그나저나 이곳을 또다시 와 볼 수는 있을까? 아니 와 볼 마음은 생길까? 오늘 나는 40년 전과 현재라는 까마득한 간격의 세월을 두 개의 창窓을 통하여 바라본다. 내 안의 창으로 또 내 밖의 창으로.

홍해 해변가를 거닐며
사우디아라비아 여정에서

이종환 회장님 명복을 빕니다

약 25년 전, 이종환 회장님을 회장실에서 단독으로 서너 번 뵌 기억이 있다. 당시에도 3천억 원 정도를 순수하게 사회에 기부한 저명한 기업인을 '나'라는 미미한 존재가 알 턱이 없을 뿐더러, 그 어느 누구를 통해서도 연줄이 없었다.

당시 나는 미국과 중국 기업이 합작하여 중국 송정산업단지에 세운 외국인 회사의 이사로 재직하면서 상해와 중국 전역을 살다시피 하며 일할 때였다. 마침 이 삼영기업이 중국 대련에 엄청난 크기의 공장을 설립한다 하여, 다각도로 실무자를 연결하려 뛰어다닐 때였는데, 도저히 여의치 않아서 큰맘 먹고 직접 이종환 회장님에게 연결하려 하였다. 비서를 통해 내가 이 회사를 위해 회장님을 뵙고 드릴 말씀이 있다고 간곡히 부탁한 결과 단 한 번에 흔쾌히 뵙는 기회를 가졌다. 거의 백억 원에 달하는 공장 설립에 대한 프로젝트였는데, 나름대로 상세한 준비를 하고 만나 뵙게 되었다.

약 1시간 동안 준비한 내용을 찬찬히 설명드리니 중간중간 하나 하나씩 꼼꼼히 질문도 하시고 지적도 하시는 가운데 시간이 흘러 점심시간이 되었다. (당시 회장님은 당신 혼자 직접 나를 독대하셨다.) 점심시간인데 식사할 시간이 있는가 물어보시더니, 함께 가지 않겠냐며 당신이 거의 매일 가는 곳이라고 하셨다. 걸어서 약 10여 분 정도 거리의 작은 칼국숫집이었다.

"내가 국수를 무척 좋아하네. 전 이사는 괜찮으시나?"

식사 후에도 다시 회장실에 함께 가자고 하시더니, 커피까지 대접하시는 말할 수 없는 평생의 추억을 내게 선사하셨다.

수많은 세월이 흘러 오늘 신문 지상을 통해 존경하는 이분의 부고를 들으니 깊은 감회가 솟는다. 삼가 회장님의 명복을 빕니다!

김포골 작은 서재에서

김교신 일보日步[25]

《김교신 일보》(1932년)에 나타나 있는 선생께서 거주하시던 주소[26]를 각주에서 보니 내가 초등학교에서 고등학교에 이르기까지 살았던 집 바로 이웃인 것 같아 괜스레 반가운 마음이 든다.

그곳에서 오늘날의 만리동고개에 위치한 한겨레신문사를 오른쪽으로 하여 계속 약 15분 정도 걸어 올라가면, 고갯마루 왼편에 예전의 균명(오늘날은 환일고교), 오른편에 배문고교[27]가 위치해 있었고, 조금 더 서울역 방향으로 내려가다 보면, 왼편에 봉래산이 있고 그 봉래산 꼭대기에 내가 다니던 양정중고교가 위치해 있었다.

당시 내가 학습했던 붉은 벽돌의 학사學舍도 아마 김교신 선생께서 가르치시던 당시의 학사였을 것이다. 그 학사 앞에 손기정 선생께서 마라톤 세계 제패를 이루고, 베를린에서 가져왔다는 월계수 나무가 높게 서 있던 기억도 난다. 오늘날은 학교가 서울시 양천구 목동으로 옮겨가 예전의 모습은 물론 사라져 없고, 학교 박물관 유리 박스 안에 김교신 선생의 일기 한 권만이 덩그러니 놓여 있는 것을 보고 무척이나 아쉬웠던 기억이 있다. 정말 오랜만에 김선생의 책을 펼치며 잠시 상념에 잠긴다.

집 앞 도서관에서

---

25) 김교신, 《김교신 일보》, 1932~1934
26) 경성시외 고양군 용강면 공덕리 활인동 130번지
27) 박정희의 아들 박지만이 다니던 고등학교

가끔 이리 사는 것도

　오직 걷는 길 그것도 오로지 오르고 내리는 산길 외에는 아무 길도 없는 곳. 한정된 매우 작은 공간에서만 세상 밖과 통할 수 있는 곳(와이파이 wifi가 제한적). 걸어야 의미가 있는 곳. 그러므로 그저 걷고 걷고 또 걷고….
　잠시 쉬고자 하면 산길 모퉁이에 아무렇게나 놓여 있는 낙엽 수북이 쌓인 벤치에 앉을 수 있는 곳. 눈 앞에 펼쳐진 산세가 너무 준엄하여 그저 멍하니 바라만 보면 어떤 질책이라도 받을 것 같아 굳이 눈 감고 명상 아닌 명상을 할 수밖에 없는 곳. 머릿속이 훤히 뚫릴 것 같은 깊은 정기가 서린 맑디맑은 공기와 하기에 따라 하루 24시간을 그 이상으로 늘려 지낼 수 있는 곳. 평안함과 평화로움 그리고 안락한 숙면과 보기 좋고 영양 넘치는 음식이 늘 마련되어 있는 곳. 심산유곡이 연이은 강원도의 한 자락 깊은 산길을 홀로 걷다 보면 세속을 잊는다기보다는, 세속에 엉켜 있던 복잡함이 실타래처럼 저절로 풀리는 곳.
　구름 덮인 정상에 이르며 어느덧 두서너 시간을 돌고 돌아 200m 고지 산 중턱에 다다르니 고즈넉이 카페 하나가 자리하고 있다. 따뜻한 커피보다는 은은한 풍미가 피어오르는 짙은 레드와인 red wine 한 잔이 어울리는 자리. 때맞춰 잔잔한 음악이 홀 안을 가득 메우고… 나도 모르게 깊은 졸음에 스며든다. 떠나고자 하니 짙은 아쉬움이 배어 있는 곳. 그리고 홀로$_{solo}$가 보다 좋은 가을 자리, 강원도 홍천이다!

10월의 가을
홍천 힐리언스 선마을 카페에서

남한산성

    떠올리기조차 쉽지 않은 20여 년의 세월이 흐른 오늘, 벗들과 남한산성 산행이 있었다. 지난 긴 시간의 흐름 이상 그 변화의 폭이 엄청나다. 그러나 아무리 오랜 시간이 흘렀다 하나 지난 추억을 없이 할 수는 없다. 상상 이상의 외적 변화에도 불구하고, 예전 그때의 산성에 대한 추억과 향수를 그대로 지닐 수 있다는 것이 참으로 신기하기조차 하다.

    내가 얘기하고자 하는 것은, 당시의 너저분한 정치꾼들과 결탁한 역사 저술가들이 꾸며 낸 오늘에 읽히는 역사를 말함이 아니다. 500여 년 전 당시의 상놈, 천민(오늘의 서민)이 400여 미터에 달하는 높은 산 굽이굽이에 육신이 감당키 어려운 석축 하나하나, 기와 하나하나를 켜켜이 높이며 그곳에 녹여 낸 피와 땀이 그립고 안타까워하는 그런 실實역사이다. 한여름에 다가서는 6월의 향기로운 숲이건만 느낌이 그저 향기로운 것만이 아닌 이유이다. 오늘 이 산성에 자리한 나는 상놈, 천민일 거라는 생각을 한다.

초록의 6월
남한산성을 따라 걸으며

지리산 둘레길을 나서며

　지리산은 사람, 자연 그리고 신(神)에 대한 고민과 사색에 적합한 장소 중 하나인 듯하다. 이번 지리산 둘레길을 나서는 목적이 바로 그것이다.

　러시아의 세기적 대문호 도스토옙스키는 인간의 한계를 초월하는 말할 수 없는 고초와 시련 속에서도, 언제나 맑은 시선과 부끄럼 없는 가슴으로 불사신과도 같이 끊임없이 치열하게 싸우며, 인간 곧 자신에 대한 깊고도 진중한 탐구에 집중함으로써 우리 인류사에 전무후무한 위대한 많은 작품들을 유산으로 남겼다. 여기 그가 남긴 감동적인 글 하나를 소개한다.

　"오로지 스스로를 인간으로 의식하는 인간만이 '살아 있는 삶'을 산다. 중요한 것은 삶을 끊임없이 추구하는 것이지 삶을 발견하는 데 있는 게 아니다. 시련을 이겨 내며 '살아 있는 과정'을 이루기란 얼마나 어려운가. 이 모든 상실에도 불구하고 나는 삶을 사랑한다. 열렬히 사랑한다. 삶을 위한 삶을 사랑한다. 행복이란 외적인 조건에 있는 게 아니라 삶을 바라보는 맑은 시선 속에, 부끄럼 없는 가슴 속에 있는 것이다. 이 세상에 그 누구도 어떤 목적 없이는, 그리고 그 목적을 향한 지향 없이는 살아갈 수 없다. 인간은 불사신이다. 인간은 모든 것에 익숙해질 수 있다. 이것이 인간에 대한 가장 훌륭한 정의라 생각한다. 신이 존재하지 않는다는 증거가 강해질 수록 신을 믿고자하는 욕구는 더욱 강력하게 자라난다."

5월 어느 날
도스토옙스키를 손에 들고 지리산 둘레길에 나서며

지리산을 뒤로하며

　새벽 여명! 창문을 여니 시린 서늘함이 닭 우는 소리를 등에 업고 방 안으로 잦아든다. 아직은 어스름한 붉은 여명의 빛을 뒤로하고, 까마득히 먼 첩첩준령들이 기묘한 형상으로 눈앞에 다가온다. 더불어 고봉준령高峰峻嶺을 감싸는 운무의 신령한 기운에 감동의 숨이 턱에 차오른다. 아, 지리산! 그 영험의 숨결을 품고자 수십 년 만에 그 숨은 자락에 잠시 둥지를 틀었다. 비록 며칠의 일정이지만, 영과 정신을 제대로 하며 육의 덩어리로 부딪혀 보리라는 의지로 이곳 지리산에 온 것이다.

● 제1화
　짙은 초록의 숲을 좌우로 힘차게 가른 거센 물살이, 혹은 잔잔함으로 혹은 폭포와도 같은 웅장함으로 억겁의 세월 속에 흘러들어 오늘도 내일도 영원히 흐르는 곳. 뱀사골계곡이다. 골짜기가 뱀처럼 심하게 곡류曲流하는 데서 유래한 이름이란다. 지리산이 품고 있는 수많은 골짜기 가운데서 가장 계곡 미美가 뛰어난 골짜기의 하나로 꼽히기도 하는 곳이라 한다. 산나물 전에 막걸리 한 사발 들이켠 후, 계곡을 따라 거니니 신선도락이 따로 없다. 한 시간여 벽계수水의 향연에 취하여 뱀사골 머리(상류)에 다다르니, 구름도 누워 지나간다는 와운臥雲마을을 굽어보며 할머니 소나무라 불리는 거목의 천년송

千年松이 문득 하늘을 향해 솟아 있다. 길고 긴 세월의 연륜에서 뿜어져 나오는 장중한 기풍에 절로 마음의 고개가 숙여진다. 잠시 후 걸음을 돌려 온 길을 거꾸로 내려 뱀사골 꼬리(하류)에 이르니, 어느덧 저무는 석양의 붉은 노을이 집으로 갈 걸음을 재촉한다.

● 제2화
 이로써 세상 걱정, 근심이 반드시 사라질 리야 있겠냐마는, 그럼에도 이를 희망하며 자연 지팡이(길가에 떨어진 나뭇가지)에 의지하여 제법 울창한 숲길을 짚어 가니, 멀리 깊은 골짜기로부터 들려오는 아련한 물소리가 귓전에 울린다.
 높은 듯이 높은 것도 아닌 것이, 낮은 듯이 낮은 것도 아닌 것이 끝없이 이어지는 심산유곡의 좁은 산길은 다소의 지루함을 동반하긴 하나 능히 산중도원桃源의 쾌락을 베풀고 있다. 수 시간을 걷다 보니 어느덧 눈앞에 높은 하늘이 열리고, 7백 고지에 선녀탕, 옥녀탕 그리고 비선담이 숨 막힐 듯 아름다운 풍광으로 눈을 시리게 한다. 해맑은 계곡수를 소담스레 담고 있는 소와 담 주변을 거대한 바위들이 기묘하게 에두르고 있는 모습이다. 심산유곡 깊고 깊은 이 높은 산중에 어떻게 이렇듯 신비하고 아름다운 소담들이 있을 수 있는지 눈을 의심치 않을 수 없다. 이곳이 우리나라 최고의 3대 계곡 중 하나라는 지리산 칠선계곡七仙溪谷이다.

● 제3화
 성삼재를 거쳐 노고단에 오르니 탁 트인 사방에 수많은 봉峰들이 꼬리에 꼬리를 물며 저마다의 장엄함을 뽐내는 듯하다. 역시 산 정상은 좁은 가슴에 호연한 기개를 잠시나마라도 허락하는 영험의 곳이 아닌가 한다. 노고단은 백두대간의 한편에 서서 천왕봉, 반야봉과 더불어 지리산 3대 봉의 하나로서 제단을 만들어 산신제를 지내던 영봉靈峯이란다. 옥에 티랄까. 매우 깔끔하게 잘 다듬어 정돈된 노고단봉을 향한 산행길이 오히려 부담스럽기도 하다. 편하지 않아도 될 곳에 편안함이 있으니… 불편과 부당함까지 감수하며 그것을 도전과 인내로 넘어설 기회를 주기도 하는 자연은 역시 꾸밈없이 '있는 그대로'가 좋은 듯하다.

● 제4화

둘레길로 접어든다. 굽이굽이 키 작은 돌담 사이의 길을 걸음걸음 딛는다. 사람들의 흔적이 짙게 묻어 있는 마을 돌담길을 벗어나니, 농부의 일 년 양식을 탐스럽게 담고 있는 논두렁, 밭고랑이 끝없이 이어져 흐른다. 먹고 살고 키우며 거두는 고통과 인내로 점철되는 인간 삶의 순환 역사가 도도하게 그 맥을 이루고 있는 곳이다. 푸르른 하늘과 점점이 떠 있는 하얀 구름 조각을 머리에 이고 내리쬐는 햇볕을 맞으며 터벅터벅 걷는 내내, 청정淸淨한 시원한 바람이 잠시 몸의 열기를 식혀 주며 무거운 걸음걸이를 격려해 주곤 한다.

호젓한 숲길이다. 한숨 길게 몰아쉬고 오르막을 오른다. 숲의 공기는 역시 다르다. 달콤하다. 싱그럽다. 숲은 평지가 주는 편함과 평온, 그리고 탁 트이고 눈부신 시야는 없으나, 다양하고 다채로우며 쉼 없이 숨 쉬며 살아 움직이는 무수한 생명들과의 교감을 통하여 자연의 신비를 감각하게 한다. 아, 편하다. 평온이 온다. 그렇다! 평지만이 반드시 쉽고 편하며 평온한 것을 주는 것은 아니다.

● 제5화

　그토록 쾌청한 수일들을 허락했던 하늘이, 둥지 떠날 때가 되니 조금씩 어두운 구름으로 덮인다. 땅거미가 마을 길에 깔릴 즈음에야 둥지 문을 열고 들어선다. 둥지 뜰 한가운데 놓인 테이블에서는 한창 저녁거리를 준비하는 주인장 아낙네와 그 벗들의 손길이 바쁘다. 물끄러미 바라보고 있노라니 훨훨 타는 볏짚에서 오롯이 피어오르는 하얀 연기처럼, 순전하고 순수한 인간 영혼의 자연스러운 향기가 풍성히 피어올라 코앞에 닿는다.

　이렇게 또 하루의 해가 저문다. 떠날 때가 되었다. 인간, 자연 그리고 신과의 조화로운 삼위일체가 완벽했던, 그러므로 심산인 지리산만큼이나 깊은 추억의 첩帖 속에 고이고이 간직될 몇 날들이 될 것이다.

5월의 어느 날
지리산을 뒤로하며

오늘이라는 오늘을 떠나는 여행

오후 3시 36분, 2020. 10. 16. 무궁화 열차가 충북 제천을 떠나 서울을 향하고 있다. 약 2시간이 지나면 열차는 종착역인 청량리역에 닿을 것이다. 비록 짧은 5일의 일정이었지만 50여 년의 길고 긴 삶의 궤적을 앞서거니 뒤서거니 그려 온 죽마고우와 동행한 여정은, 실제로 50여 년의 세월을 넉넉히 느낄 수 있을 만큼, 깊고 깊은 그리고 넓고 넓은 이야기를 수없이 낳으며, 그렇게 다음 여행까지 잠시간의 막을 내린 여정이었다.

여정은 벗의 보금자리가 있는 춘천을 떠나 통일전망대가 위치한 강원도 고성을 기점으로, 동해안 7번 국도를 따라 흐르는 해파랑길을 달리며 곳곳에 숨어 있는 수많은 명소들을 감상한 후, 내륙으로 틀어 태백, 정선, 영월을 거쳐 제천을 종착으로 하는 길이었다.

우리는 지나온 삶의 자리 마다마다에 은밀히 숨어 있던 다양하고도 특별했던 수많은 기억들을 찾아내어 종일토록 그리고 밤을 지새우기도 하며 담화와 토론의 난도질을 해 가며, 어떨 때에는 아픔을 공감하기도 또 칭찬의 자리에선 서로에 격려와 위로를 아끼지 않으며 영적, 정신적인 내면의 삶의 여정을 기꺼이 즐거워하였다.

교육, 수학, 언어, 사상, 정치, 철학, 경제, 사회, 문화, 진화론, 진화론의 안티테제antithese인 상호부조相互扶助, 생물학, 우주, 인간, 삶, 이성, 벗, 섹스, 돈, 종교, 이론의 창시자들… 떠오르는 대로 자신의 사고가 확장되는 대로 물 흐르듯 자신들의 생각을 내뱉고 거품을 튀며 난타전을 펴곤 했다.

동행한 벗은 학자이다. 이론의 창시자들이 즐비하게 연구실의 불을 밝히며 인류의 삶을 바꿔 온, 특히 세계적, 역사적 이론가들의 산실인 서방 세계의 유명 대학 출신 박사다. 인간의 정신적 공부 능력의 한계가 어디까지인가에 대한 적절한 답을 제시하는 석학들의 제자로 학문을 해 온 사람으로서, 그의 정교하고 세심한 이론 전개는 나의 온 정신과 영을 전율하게도 했다.

학창 시절 철들어 헤어진 후 50여 년의 세월 동안 전혀 상이한 공부와 직업과 환경 속에서 너무도 다른 궤적의 삶을 걸어왔지만, 인생 말년의 시간에 이토록 많은 생각의 교감을 더불어 공유할 수 있다는 것에 경외감조차 느낄 수 있었다.

감히 얘기할 수 있다. 여행은 내게 단 하루라도 더 살아야 할 이유를 허여하는 무엇이라는 것. 5일간 우리 사이에 존재했던 이야기 모두를 이 작은 그릇의 글 틀에는 담을 수 없다. 더 이상의 얘기는 그저 가슴속에 고요히 침착沈着되게 하고 싶다.

           5일간의 여정이 끝난 저녁
      홀로 뒤풀이하며 서울 화곡동 어느 선술집에서

무명 無名

- 이름이 없다는 것

능골산이라. 마을 주변의 이곳을 다닌 것이 수십 차례는 족히 되었지만, 이 거칠고 야트막한 산에 이름이 있으리라고는 생각조차 한 적이 없다. 그런데 오늘 우연히 구석진 곳의 자그마한 돌에 능골산이라는 표식을 본 것이다. 한자어로 되어 있질 않아 그 뜻은 알 수 없으나, 느낌만으로 봐서는 좀 생뚱맞은 이름이 아닌가 하는 생각이 든다. 그것은 차라리 작은 언덕이라 해야 할 너무도 보잘것없는 곳인지라 그에 걸맞지 않은 이름 같아서이다. 능골산! 능골이라는 이름에서 묻어나는 뜻이 제법 깊지 아니한가.

능골산을 넘어 잘 정돈된 공원 산책길을 지나니, 끊임없이 이어지는 자동차의 물결이 한창인 경인고속도로를 가로지르는 구름다리가 있고, 그 다리를 건너니 바로 그곳이 우리 가족들이 살던 곳이다.

학부를 졸업하고 군대에 있을 때이니 아마 거의 50여 년의 세월이 흐른 듯하다. 많은 식구들이 좀 더 넓게 살 필요도 있고 한참 자식들에 돈 들어갈 때인지라, 당시 퇴직하여 서울에 부업 등이 필요한 아버지가 선택한 것은, 그나마 값이 나가는 서울 집을 팔아 그 경계에 위치한 보다 싼 경기도 부천시로 집을 옮기는 일이었다. 지금이야 말 그대로 상전벽해가 되어 걸어서 20여 분이면 바로 코앞이 서울인 많은 사람들의 경제적 로망이 된 곳이지만, 당시 그곳은 가을이면 황금벌판에 벼가 무르익어 가는 개와 돼지와 닭을 키우는 농가가 즐비한 전형적인 농촌 마을이었다.

  오늘 새벽 눈을 뜨자마자 그곳을 가고 싶었다. 능골산을 지나 또 다른 이름 모를 작은 산을 거쳐 멀리 부천 작동(까치울)산까지 갔다 오리라는 생각이었다. 무명의 작은 산들 이곳저곳에 없던 팻말들이 꽂혀 있어 이전에 몰랐던 무명의 곳들을 제대로 알게 되었으니, 능골산 넘어 다음 산이 지양산이라는 것도 알게 되었다.

  추억이 늘 아름답지는 않지만, 그것을 더듬어 찾는 길은 항상 새롭고 신선한 영혼을 선사해 주곤 한다. 이제 나이가 들긴 들었나 보다. 추억의 곳을 찾는 걸 보니….

휴일에
무명의 한적한 산을 걸으며

가신 부모에 자식이란

  추석 명절이 지나고 미미한 가을바람에도 땅 위에 맥없이 뒹구는 낙엽들이 눈앞을 어지럽게 할 즈음에는, 어김없이 먼 곳으로 가신 어머니, 아버지의 수많은 기억과 추억이 온 육신과 영혼에 가득하다. 우연히 들은 소리꾼, 장사익의 노래 '꽃구경'이 왜 이리 두 분 생전에 대하던 내 모습과 그리도 같은지. 그저 하염없는 눈물만 흐를 뿐이다.

부모님의 추도일이 다가오는 시절
김포골 공원 산책길에서

새로움이 주는 것

　새로움은 늘 또 다른 새로움을 낳는다고 그러지. 여느 벗들과의 얘기에서는 나오기 쉽지 않은 자네의 삶의 역사를 들으며, 참으로 새로운 얘기라 생각하며 흥미롭게 또 한편으론 부러움으로 들었네. 그 역사가 오랜 세월을 흐르며 자네 속에 내재화되어 오늘의 인생 자리에 멋지게 자리매김한 것이라 여겨지네. 오랜만에 많은 얘기 시간을 가진 것에 감사하네. 자네가 내게 선사한 그 '새로움'이 나에게 걸맞은 또 다른 '나의 새로움'을 가져다주리라 생각하며, 가끔 서로의 시간이 허락하면 다시 만나 2부를 들려주길 바라네.

한 지우와 오랜만에 만나며
서울 화곡동 선술집에서

노평구[28] 선생님을 추억하며

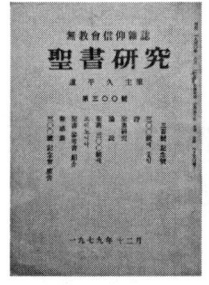 

"다카하시 사브로 선생님이 어떤 분이십니까?"

그분의 《무교회와 교회》라는 책을 읽고 이렇게 노 선생님께 여쭈어본 적이 있습니다. 아마, 제가 무교회 집회에 처음으로 참석한 후

---

28) 노평구(盧平久, 1912.1.16.~2003.9.8.): 노평구는 1912년 함경북도 경성 어랑에서 태어났다. 1929년 배재중학교 3학년 때 광주학생운동에 참여했다가 일제에 체포되어 1년간 옥고를 치렀다. 이 사건으로 1995년 대한민국 건국훈장을 받았다. 출감 후 빈민촌에서 빈민 아동 교육을 하던 중 내면적인 갈등과 종교적인 번민에 휩싸여 김교신 선생을 찾아 한동안 신앙 지도를 받다가 1936년 선생의 권유로 일본에 건너가 우치무라 간조의 제자인 쓰카모토 도라지 선생으로부터 10년간 성서를 배웠다.
1946년부터 월간 《성서연구》를 창간, 제500호(1999년 12월)까지 발간했다. 같은 기간 서울 종로 YMCA에서 매 주일 성서 집회를 주관하는 동시에 일제에 의해 거의 멸실되다시피 했던 김교신의 《성서조선》 158권 전권을 수집·정리하여 편집하는 등, 10여 년의 걸친 각고의 노력을 기울인 끝에 1975년 《김교신 전집》을 완간했다.
1998년 그의 월간지 '성서연구'를 집대성한 《노평구 전집》이 발간되었다. 2003년 9월 8일 여의도 자택에서 하나님의 부르심을 받고, 9월 15일 국립대전현충원 애국지사 제2묘역에 안장(安葬)되었다. (노평구, 《노평구 전집》, 풀무학원부설 시골문화사, 1998.09.20.)

약 3~4년의 세월이 흐른 어느 때인가 합니다. 무교회 신앙이 무엇인지도 제대로 모르며 집회를 쫓아다니던 때인데, 사실 교회에 대한 인정 여부를 떠나 같은 하나님 믿는다는 곳인데 교회와의 화합도 기독교의 관용과 사랑이라는 관점에서 필요하지 않을까 하는 생각이 있었던 것 같습니다.

"내 일본인 친구 분인데
그분은 오래전에 교통사고를 크게 당해서 누워 계시지요."

이 말씀만 하시고는 더 이상 말씀을 이어 가지 않으시길래 제 질문을 다시 풀어 여쭈어보았습니다.

"그분의 책을 우연히 읽어 보았는데 교회와의 화합에
많은 관심을 기울이고 계시는 분 같다는 인상을 받았습니다."

"그분은 교회를 좋아하시지요."

그 이상의 말씀을 기대하고 있던 저는 그 말씀 다음 굳게 다무신 입술을 보며 더 이상 질문드리는 것을 멈추지 않을 수 없었습니다.
언젠가 무교회 YMCA 집회에 교회에 다닌다는 두 사람이 참석한 적이 있었습니다. 두 사람 모두 교회의 높은(?) 직책, 아마 장로 직책을 가지고 있는 사람들인 것 같았습니다. 공식적인 집회 시간이 끝나고 한 사람씩 감화회感化會를 하는데 아무래도 그분들의 말이 궁금할 수밖에 없었습니다.

"강의 수준이 꽤나 높은 줄 알았는데 별로네요. 우리가 교회에서 공부하는 내용보다도 수준이 낮은 것 같습니다. 앞으로 저희에게도 강의할 시간을 주셨으면 합니다."

이 외에도 기억은 나지 않지만 몇 가지 무례한 말을 한 것 같습니다. 처음으로 무교회 집회에 참석해서 교회와 집회를 비교하며 수준 운운하는 그들을 바라보며 황당함을 금할 수 없었습니다. 사람도 여러 질質이 있다더니 정말 그런 사람들을 바로 앞에서 보려니 무슨 말을 해야만 할까 별별 생각이 다 들었습니다. 그때, 건너편에서 침묵을 지키고 계시던 노 선생님께서 특유의 큰 목소리로 말씀하셨습니다.

"오늘 이곳에 오신 분들은 교회에서 큰일을 하시는 분들 같으신데, 앞으로는 이곳에 나오시지 말고 그곳에서 계속 큰일을 하시길 바랍니다. 저희는 이곳에서 우리 일을 하겠습니다."

한번은 함석헌 선생에 대하여 여쭈어본 적이 있는데, 그저 "그분은 한국이 낳은 천재시지요."라는 답변 외에는 아무것도 듣질 못했습니다. 때때로 무교회 잡지나 집회에서 언급되는 함 선생에 대한 내용을 접하며 위와 같은 노 선생님의 모습이 간절히 떠오른 것은 무엇일까요?

　자신의 신앙이 중요하고 귀하면 남의 신앙도 그런 줄 알아야 하며, 자신의 생각과 신앙이 아무리 확고하고 확실한 복음에 근거해 있다고 생각하더라도, 그것은 어디나 주관적이 될 수밖에 없으며 그것을 잣대로 남의 신앙을 재단하는 것은 대단히 위험한 발상이고, 무엇보다도 종교다원주의 시대에 시대착오적 발상이 아닌가 생각이 들기 때문입니다.

　예수 그리스도께서도 말씀하시지 않으셨습니까? "내가 다시 올 때에 믿음 있는 자들을 볼 수 있겠냐?"라고. 그래서 성경이 말하는 내용 중 가장 중요한 점이 겸손이 아닌가 합니다. 성경에서 말하는 참된 사랑도 바로 이러한 겸손이 바탕이 되어야 존재할 수 있는 덕목이 아닌가 합니다.

　한마디로 선생님이 어떤 분이셨는가를 말하기는 쉽지 않지만, 저로서는 참으로 겸손한 분이셨다고 말씀드릴 수 있습니다. 선생님의 겸손이 내면 깊은 곳에서 우러나오는 것임을 그분이 뿜어내시는 잔잔하고 따스한 사랑의 향기로 충분히 느낄 수 있습니다. 여러 해 동안 뵈면서 단 한 번도 막내아들 같은 저에게 하대下待 한 번 하신 것을 기억할 수 없습니다. 늘 존대를 하시며 격려와 사랑으로 저의 앞날을 걱정하여 주신 것을 기억합니다.

　선생님께서는 한때 일본 전국을 다니시며 강연하시고, 또 주변 분들의 도움으로 세계 여러 곳곳을 여행하시던 시절을 아련한 추억 속에 기억하시곤 하셨습니다. 당시는 참으로 좋았고 즐거웠는데, 이제 늙어 생각하니 못다 한 공부가 아쉽다는 후회의 말씀을 종종하신 것을 기억합니다. 늘 젊은이들에게 학문하는 신앙, 단순한 열정보다는 머리에 냉수를 치며 하는 신앙으로서의 무교회 신앙을 강조하셨습니다.

선생님이 떠나신 지금 많은 아쉬움이 있는 것은 제가 선생님을 처음 뵌 것이 1996년 6월로서 연세가 85세 되셨을 때여서 유명하셨다는 육성肉聲 강연를 한 번도 직접 들어 볼 기회가 없었다는 점입니다. 선생님을 추억하며 명복을 빕니다.

언제나 그리운 나의 영(靈)적 스승님
노평구 선생 〈성서연구〉지 500회 발간집(1999년 12월 호)에 수록

나의 또 새 길

산, 내 나라의 산.
산은 그저 보는 것만으로도 호연지기의 마음 자람이 느껴진다. 나는 바다보다 산을 좋아한다. 그리고 그 속에 고즈넉하게 자리한 절이 좋다. 절이 절로서 지니고 있는 고요한 침묵이 좋기 때문이다.

무던히도 산을 다녔었는데. 이 나라의 지형을 이루고 있는 산과 들과 강과 삼면의 바다, 또 그 협소한 자리에 비해 제법 많은 사람들이 살고 있는 곳, 그래서 세상에 대고 자랑할 수 있는 게 사람뿐인 곳. 그것이 무엇이든 이 땅이 원초적으로 품고 있는 것들 모두에 무한한 감사와 자긍심을 느낀다.

항상 옛것이 좋고 그리운 건 아니더라. 때가 차면 우리는 지난 옛것을 홀연히 버리고 그리워질 새로움에 관심을 둘 필요가 있다. 오랜 시간 살아온 이곳 중동 땅을 떠날 때가 되니, 지난 많은 것들이 이미 옛것이 되고 있다. 대신 이곳의 역동적 삶과는 온전히 다를 것인 고국에서의 새 삶에 기대가 된다.

참 오래 있었다. 이곳 중동 땅에. 두렵기까지 한 적막을 머금은 사막, 가끔은 세상을 삼킬 듯이 몰아치는 모래광풍 그리고 몸속 깊이 태우는 열풍이 불어 대는 이곳에….

그러나 이제는 내 나라의 산과 들을 걷고 싶다. 그려~ 그 소박한 바람으로 새롭기만 한 내 나라의 길을 걷고 싶어지니 갈 때가 되긴 되었나 보다. 이제는….

한여름이 하늘 가운데 있는 날
열풍과 모래바람 날리는 중동 땅을 떠나며

두툼한 시간들

이제 우리 나이는 여기저기 뛰어다니는 가벼움보다는 두툼한 시간들을 가져야 할 것 같네.

이곳 쿠웨이트에 온 지 벌써 일 년 반이 다 되어 가는데, 참으로 바쁜 시간들을 보내기도 했지만 또 많은 홀로의 시간도 가져 봤네. 여기를 떠나 그곳으로 돌아가면 그런 시간들이 사라지고 말거야. 바쁘지도 않겠지만 그렇다고 홀로의 시간도 많지 않을 거란 생각이야. 그래서 선뜻 돌아가기가 쉽지 않네. 물론 내 뜻과는 상관없이 언제든 떠나야 할 수도 있는 상황이지만.

지난 6~7년간의 중동 생활은 실로 또 다른 청춘의 시간들이었네. 그 나름대로는 참으로 멋진 시간들이었어. 미움이 묵으면 미움도 정으로 연민으로 바뀐다는 말이 참으로 실감 나는 중동 생활이었지. 단 하루도 있고 싶지 않던 곳에서 상당한 햇수를 지냈더니, 그 미움이 이젠 다정히 곁에 붙어 속삭이네.

"왜 가고 싶나? 이제부터가 시작인데."

이곳이야 하얀 눈 대신 하얀 모래바람이 흩날리는 곳 아닌가? 휴일은 주로 청소, 빨래하기 등으로 바쁘긴 하지만, 그래도 많은 시간을 운동과 독서로 명상으로 기도로 나만의 두툼한 시간들을 가질 수 있어서 정말 행복한 세월이었네.

어느 크리스마스 날
쿠웨이트에서

사思부모곡

여느 때 같으면 휙 하니 차를 몰고 다녀왔겠지만, 이번에는 오랜만에 푸른 가을을 맘껏 느끼고자 가벼운 가방 하나 둘러메고 여행 가는 기분으로 집을 나선다. 아버지, 어머니의 뫼를 보러 나선 것이다. 지금 나는 슬며시 대지를 비추는 아침의 따스한 햇살과 고요히 주변을 감싸는 평화와 평안을 가슴에 푸근히 담아내며 길을 나서고 있다.

느림이다. 느림이 주는 여유로움이다. 여유로움이 베풀어 주는 평안과 평화를 나는 좋아한다. 평생 어머니는 이런 느림의 여유로운 삶을 살아오셨다. 당신께서 세상에 계실 때에는 나 자신이 세상살이에 미쳐 그런 어머니의 모습을 제대로 알아채지 못했다. 그게 지금에서는 못내 아쉽다.

버스보다 오래 걸리는 전철을 굳이 택한 이유이다. 분당의 한 전철역에 내려 택시로 뫼까지 가려던 계획도 바꾸어 버스를 타고 뫼 근처에서 내리기로 했다.

묘 앞이다. 아버지 돌아가시기 바로 전날 밤 11시 40분경, 늦은 퇴근에서 돌아와 방문을 여니 아버지는 소주를 들고 계셨다. 어머니는 그다음 날 새벽 기도를 가셔야 했으므로 잠자리에 이미 드셨고.

"희채야 한잔하자~"

무슨 기분이 그리 좋으셨는지 잔을 드시며 그렇게 말씀하셨다.

"씻고 바로 들어갈게요."

그러나 나는 약속을 지키지 못했다. 그 대화가 아버지와 나와의 마지막 대화가 되었다.

오늘 묘 앞에 앉으니 그 때의 일이 참으로 후회막급이다. 돌아가신 지 13년 전 오늘, 이 자리에서 두 잔의 소주를 준비하여 아버지와 한잔하려 한다. 죄송합니다! 아버지!!

당시 아버지 어머니의 뼈를 살라 이곳에 묻고서 나는 살아가야만 했으므로 곧바로 묘를 떠났었다.

그리고 휴가가 끝나는 오늘 밤 다시 먼 나라로 가야 한다.

지금이 좋다. 평안이 있다. 아버지와 어머니가 바로 곁에 계시니…. 어머니가 좋아하시던, 가끔 당신께 읽어 주기를 원하셨던 성경 시편 1편을 읽는다. 내용 전체가 바로 어머니에 대한 말씀이란 것을 오늘 따라 진하게 느낀다.

복 있는 사람은 악인의 꾀를 좇지 아니하며
죄인의 길에 서지 아니하며
오만한 자의 자리에 앉지 아니하고

오직 여호와의 율법을 즐거워하여

그 율법을 주야로 묵상하는 자로다

저는 시냇가에 심은 나무가 시절을 좇아 과실을 맺으며

그 잎사귀가 마르지 아니함 같으니

그 행사가 다 형통하리로다.

(시편 1:1-3)

    살아생전에는 자식의 못남으로 복 있는 자리에 계시지 못하셨지만, 이제는 당신의 그 고귀한 믿음으로 영원한 생명의 세계에서 하나님이 주시는 은혜로운 복을 두 분 모두 누리고 계심이 눈에 선하다. 감사합니다.

화창한 10월 어느 가을 날
부모님 뫼 앞에서

어머니 1주기 추모의 날에

　사람이 다시 돌아오지 못할 곳으로 떠나면서 몸이 차갑게 식어 가는 아주 짧은 동안, 그와 우리와의 공존의 시간이 영원히 사라지고 있는 것을 실감합니다. 그러나 그의 입장에서는 절멸絕滅하는 존재에서 불멸不滅하는 존재로 슬쩍 옮겨 가는 것일 뿐입니다. 일 년 전 우리 곁을 떠나신 어머니, 당신의 이승에서의 육체는 영원을 상실하였으나 오히려 영혼은 불멸의 존재로서 구원받으셨다는 말입니다. 영적인 의미에서 보면 이 공간에서 아직 숨 쉬고 살아서 듣고 말하는 우리 모두는, 땅속에 누워 있는 어머니에 비하면 더 살아 있지 못한 것입니다.
　사랑하고 감사한 어머니! 당신이 살아 계신 동안 우리 자식들에게 남겨 주시고 보여 주신 그 위대하고 고요한 인내의 삶에 한없는 감사를 드립니다. 어머니라는 당신에 대해, 당신이 우리의 마음과 정신에 드리워 준 모든 것들에 대해 감사를 드립니다. 우리는 이제 당신 없이 헤매야 하지만, 그래도 어머니인 당신을 우리에게 보내 주신 하나님께 감사드립니다. 우리가 이 세상에서 어찌할 줄 몰라 방황할 때, 늘 신뢰와 존경을 담아 당신을 떠올릴 것입니다. 뵙고 싶습니다. 많이… 많이….

어머니 1주기 추도의 날

이성의 흐름을 멈추다

　시간은 과학만이 아니다. 사람이 삶의 편의상 만든 이성과 감성의 합체다. 그러므로 가끔은 이성의 시간을 가슴 바닥 깊숙이 앉히고 감성의 시간으로 얼마간 보내는 것도 인생 쉼에 가(可)하다.

　매년 홀로 동남아를 수개월씩 다녀오곤 하는 벗이, 고도 1,500미터 산지인 베트남 중부 지역에 머무르고 있다 하여 한 걸음에 달려갔다. 베트남 전통 음식인 쌀국수로 아침 해장을 하고 다소 특이한 흑마늘 카페라는 곳에 자리를 잡으니, 창밖에는 눈부시게 푸르른 하늘과 이곳 이성의 상징 달랏 대학교가 보인다. 다시 거리로 나선다. 이성의 시간에 구속되지 않고 사람 냄새 나는 다소는 너절한 뒷골목을 기웃거리며 거리 음식을 취하고, 그저 하염없이 걷고 걸으며 길고 긴 인생 여정 한구석의 감성적 쉼표를 즐김도 유익함이다.

　고단하긴 했으나 살아 내려 힘쓰며 보냈던 이성의 젊은 시간들이 고생으로 추억되기보다는 열정의 바람직한 시간들이었다고 이 황혼의 나이에 느끼는 것은, 적어도 지난 삶이 헛되지는 않았다는 반증이 아닌가 하여 스스로의 자존감도 느껴진다. 이런 생각과 느낌을 허락하는 이곳은 천혜의 가을날이 마음마저 청결하게 하는 베트남의 중부 고원 달랏Da Lat,이다.

1월의 날
베트남의 고원, 달랏의 한적한 카페에서

그리움

거의 3년 전 봄이 문턱에 걸려 있던 그날도 오늘처럼 봄 소리 귀담아 들려오는 화창한 날이었던 듯, 당시 KTX 열차 속에 있던 그날이 오늘과 중첩되어 떠오른다.

기대하던 그리움으로 오게 된 지방 여행이어서인지 번잡함을 떠난 자리가 참으로 귀하다. 유난히 눈부시게 밝은 햇볕에 하늘 향해 뽐내는 차창 밖의 환한 벚꽃 행렬이 문득 낯설다. 오랜 역병에 지친 심신이 아직은 그 찬란함을 견디지 못함인가. 하 수상한 시절, 이런 봄이 진정 도래할 수 있음에 반반의 의구심이 있지 않을 수 없었다.

아, 그럼에도 오감五感에 그토록 설치던 삭풍朔風도 어언 고향 찾아 북으로 물러가고, 강남 갔다던 제비 가슴에 머문다. 쫓을 수 없는 세월, 이제 그 길을 멈추고 나대로의 길에 그대로 머무르리라…. 그리운 이는 그리운 대로, 잊은 이는 잊은 대로 그 그리움이 또 그 잊음이 영원으로 끝마친다 하더라도 이 자리에 그대로 머무르리라. 그런 소망이야 그 누가 멈추랴.

금요일
어스름 깃든 KTX 열차에서

고독 -사유, 성찰

추억, 흔적을 원동력으로
인간이 보다 자기다움을 추구하기 위한 것
고독-사유, 성찰이다

라인홀드 니버Reinhold Niebuhr를 읽다

   북한산둘레길 6구간 '평창마을길'은 형제봉 입구에서 시작하여 탕춘대성 암문 입구까지 약 5km 거리의, 말 그대로 마을 둘레길이다. 얼마 전 이 둘레길을 걷다가 우연히 어느 아카데미 하우스 대문에 쓰여 있는 라인홀드 니버의 글을 읽고 반가운 마음에 여기 그의 글을 올린다.

   라인홀드 니버Reinhold Niebuhr는 20세기 미국을 대표하는 독일계의 신학자, 정치 사상가, 개신교 목사이자 신학대학교 교수이다. 그는 빈민 문제, 인종 차별 문제, 사회 문제 등에 적극적으로 참여하여 매우 활발한 활동을 벌였다

- 평온의 기도Serenity Prayer -

하나님God,

바꿀 수 없는 것을 받아들일 수 있는 평온을 주시고

Give us the serenity to accept what cannot be changed:

바꾸어야 할 것을 바꿀 수 있는 용기를 주소서

Give us the courage to change what should be changed:

그리고and,

이 두 가지를 구별할 수 있는 지혜를 우리에게 주소서

Give us the wisdom to distinguish one from the other.

만추의 가을
서울에서

마음 다짐

조금 전까지 주변을 에워싸던 시끌벅적함이 홀연히 사라지니 잠시 귀가 멍하다. 고요함이 주는 평안을 놓칠세라 얼른 커피 한 잔을 내려 서재에 앉아 창밖의 하늘을 바라본다. 잿빛 구름이 이고 있는 하늘을 뿌옇게 덮고 있고, 잠시 소강상태의 봄비는 더 뿌려 볼까 하는 심술을 잔뜩 머금고 있다.

이런 날이면 서재에 꽂혀 있는 책들 중 그저 손에 잡히는 책이란 책은 다 꺼내어 테이블 위에 쌓아 놓고, 내용보다는 책 표지를 장식하고 있는 사진이나 그림, 글자 모양, 또 그 목차만이라도 훑어보며 잠시의 시간을 보내고 싶다.

태어나 숨을 멈출 때까지 쉼 없이 움직여야 살아 낼 수 있는 우리네의 숨 가쁜 삶에 이런 쉼표의 순간을 의도적으로나마 한 번씩 가지지 못할 이유가 어찌 없겠는가? 결국 나 자신의 마음 다짐만 있으면 되는데….

봄비 내리는 잿빛 하늘 아래
김포골 작은 서재에서

내가 나를 부르는 소리

내가 나를 부르는 소리를 들을 수 있을 때 비로소 나는 내가 됩니다. 괴로울 때나 슬플 때나 고통스러울 때나 인내할 때나 그것을 이겨 낼 방법이 하나 있습니다. 자신이 피눈물 나게 토해 내는 내면의 외침에 귀를 기울이는 것입니다. 그런데 나는 늘 그 말을 비웃고 무시합니다. 돌이켜 보니 그것이 인생 노정에 많은 고초를 불러일으킨 커다란 원인이었음을 이제야 조금 깨닫게 되었습니다.

소크라테스는 예수가 태어나기 500여 년 전의 철학자입니다. 그럼에도 그는 자신의 심층에 존재하는 다이몬, 곧 양심(내면의 진실한 외침)을 자신의 삶을 밝히는 횃불로 받아들였습니다. 살아 보니 참으로 기묘한 것은 내가 나를 늘 모르고 있다는 겁니다. 그러므로 다툼이 있을 때 늘 상대 탓을 하게 됩니다. 살아 내야 할 길은 보다 선명해진 듯합니다. 이제부터라도 내면의 외침에 반드시 귀 기울이는 겁니다. 실은 그 외침이 내 속으로부터가 아닌 하늘이 준엄하게 내게 명령하는 '말씀'이기 때문입니다.

바람 부는 날
김포골 공원 벤치에 앉아

고독의 시간을 좇아서

언젠가는 해 보리라 벼르고 별러 왔던 일을 실행했다. 해외시절부터 인생 제2막의 서곡으로서 필히 해 보리라 마음속 깊이 간직했던 일이다.

> "내가 그토록 오랫동안 갈망해 왔던 고독을
> 이제야 충분히 누릴 수 있게 되었다.
> 아무도 모르는 완전한 이방인이 되어 군중 속을 헤치고 돌아다닐 때보다
> 더 진한 고독이 느껴지는 곳은
> 어디에도 없기 때문이다."

18세기 세기적 문호 괴테가 이탈리아 물의 도시 베네치아를 여행하며 남겼던 홀로 여행에 대한 감상이다. 고독은 언제 어디서나 그것을 즐기는 자에게 창조적 상상력을 허(許)할 뿐 아니라, 평범한 일상을 진화적으로 업그레이드upgrade해 준다. 특히 괴테가 얘기한 아무도 모르는 완전한 이방인으로서의 홀로 여행에서의 고독은!

그런 여행을 오래전부터 그리워해 오고 있었다. 더 늦출 수가 없다. 국내 여행치곤 제법 긴 여행이다. 타이밍이 중요하다. 이제 막 제주행 비행기에 오르며 홀로 고독의 여행길에 정점을 찍는다. 떠나지 않으면 nothing이므로 떠남은 여행의 정점이다. 돌이켜 보건대,

늦은 듯하나 인생 제2막의 때에 이르러, 나의 삶이 책 읽기와 더불어 짧은 글이라도 쓰게 되고, 아울러 편안한 마음으로 벗들과 함께 술을 즐길 수 있게 된 것에 깊이 감사한다.

15kg에 달하는 책을 싸 들고 왔다. 주변이 고요한 한 호스텔이다. 걷고 보고 느끼며 읽고 고민하며 쓰고, 이 지방의 유니크unique한 음식들을 더불어 즐기며 명실공히 본 여행을 시작하고자 한다. 계획 없이 마음과 발길이 닿는 대로….

오히려 싸늘하여 더욱 청명하게 느껴지는 하늘과 눈이 시리도록 찬란한 빛, 그리고 저 드넓은 태평양을 거슬러 올라 폐부 깊숙이 스며드는 상쾌한 바람이 여행의 시점을 진심으로 반겨 주는 듯하다. 감사뿐이다.

1월 어느 화요일
제주 서귀포에서

가야 할 곳

 살아 보니 가장 경계해야 할 것 두 가지가 있다. 다소 지나친 자기 연민과 자기 확신이다. 지나친 자기 연민은 자존감을 한없이 아래로 끌어내리는 반면, 지나친 자기 확신은 주변에 교만으로 비추어질 수 있기 때문이다.
 어느 모임이 되었든 일단 참석하면 어쩔 수 없이 말을 할 수밖에 없는데, 지나고 나면 어느 누군가가 얘기하길 저 친구는 뭔 놈의 말이 그리 많은가 하는 비난 섞인 얘기가 주변에 떠도는 현실에 접하곤 한다. 물론 그것에 별 관심은 없으나, 이와 관련하여 하고픈 얘기인 즉, 말 한마디 안 할 거면 도대체 모임 자리에 왜 나왔을까? 참으로 이해 불가이다.
 나이가 들어 가니 사람 접하는 것이 예전 같지 않게 그리 즐겁지만은 않다. 우선은 위와 같은 비난에 접하기가 싫을 뿐더러, 무엇보다도 굳이 공통적인 얘깃거리도 별로 없기 때문이다. 그래서 그런지 홀로의 시간에 스스로를 할애하고자 하는 마음이 점차 커지는 듯하다. 하기야 낼모레면 먼 곳으로 갈 만큼의 세월을 가슴 깊이 삼킨 나이가 되었을 뿐 아니라, 그동안 너무도 많은 사람들과 너무도 많은 얘기를 동일한 가슴에 삼켜도 왔으니.
 여전히 주변 세상과의 관계는 요긴 하겠지만, 그것과는 별도로 이제부터라도 나 자신과 보다 친밀한 관계에 서고 싶다. 자신과의 대화, 자신과의 친밀한 관계, 그것이 반드시 자신과의 대화만이 아닌 것이, 그 대화의 상대, 그 친밀의 대상이 바로 저 하늘의 초월의 신神이라는 생각 때문이다.

이것이야말로 자기 연민과 자기 확신에서 벗어날 수 있는 유일한 길일 뿐 아니라 궁극적으로 가야 할 곳이며, 스스로에게도 가장 정직한 것임을 알게 되었다.

들려온 즉, 오늘 그 지루했던 장마가 공식적으로는 끝났단다.

지루했던 장마가 끝나는 즈음
김포골에서

나는…

나는 세상을 너무 많이 안다
나는 세상을 너무도 모른다

나는 인간을 너무 많이 안다
나는 인간을 너무도 모른다

나는 내가 아는 게 너무 많아 문제다
나는 내가 모르는 게 너무 많아 늘 문제다

아니!
아닐 수도 있다
세상이 나를 모르는 게 더 많을 수도 있다
나 아닌 다른 인간이 나를 모르는 게
더 큰 문제일 수도 있을 것이다

어느 것이 진眞이요
어느 것이 가짜인지는
오직 그분만이 알 뿐이다
그러므로 나는 오늘도 평안하다

폭염의 날
김포골에서

행복의 역설

 어떤 이는 세상을 등지고 산이나 들 그리고 바다 등 인적이 드문 곳에서 홀로 사는 삶을 인생 최고의 행복으로 생각한다. 어떤 이는 복잡다단한 세상 중심에서 더불어 복작거리며 사는 것이야말로 진정 인간이 사는 것이 아닌가 반문한다. 어떠한 것이 진정한 행복이란 가치에 더 부합하는지는 지극히 주관적인 것이라, 뭐라 평할 일은 물론 아니다.

 돌이켜 보건대, 이 나이에 이르도록 내 자신의 입으로 행복이란 어휘를 단 한 번도 말한 기억이 없다. 사람들이 보통 말하는 그런 행복이 정말 없어서일까? 아니면 굳이 그런 감성을 표현하기 싫어서였을까?

 예전에 또 오늘날도 세상 속에서 자칭, 타칭 소위 행복전도사라 하며 온갖 매체에서 떠들고 다니던 인기인들이, 스스로의 삶을 비극적 결말로 마감하는 사건들을 우리는 여러 번 넋 없이 혹은 시니컬 cynical하게 접할 수 있었다. 인간들의 세상에서 과연 행복이란 것이 존재하기는 한 걸까? 나 자신이 이제껏 단 한 번도 행복이란 단어를 인위적으로나마 입에 올린 기억이 없었던 것이 실은 존재하지 않는 행복 때문이 아닐까?

 행복의 역설逆說. 아, 그렇다! 행복의 역설. 행복이 있긴 있나 보다.

그 역설이 있으니. 이제부터라도 제대로 된 행복이란 걸 조금이라도 배우려면, 늘 그렇고 그런 일상 속에서 행복의 역설에 역동적으로 맞서 나아갈 일이다.

토요일 오후
느닷없는 여수로의 여행길에서

동기 모임을 떠나는 소회

- 제1신 -

  이 나이가 되다 보니 주변 모든 관계 유지에 나름의 한계를 절실하게 느끼게 되었습니다. 오늘부로 ○○회를 떠나고자 합니다. 그동안 함께했던 ○○회 동기들에 진심으로 감사드리며, 기회가 된다면 산우회나 기타 다른 개인적 자리의 모임에서 뵐 수 있으면 더할 수 없는 기쁨이 될 것입니다. 감사했습니다. 소생 전희채 올림!

- 제2신 -

  어느 모임이든 그곳에 속해 있다는 사실이 은연중 자신을 구속하고 있다는 생각, 느낌을 떨칠 수가 없더구만. 이젠 그런 게 싫어졌을 뿐이야. 그렇잖아도 그리 많이 남아 있지 않은 시간들이 가끔은 자신을 얽어매고 있다는, 회피할 수 없는 숨 막히는 구속감이 상존하는 상황인데. 언제든 훌훌 떠날 수 있도록 주변 정리를 하나씩 해 나가는 과정에 있을 뿐이고, 단지 그런 구속감이 거의 없는 산우회나 기타 개인적 만남 등은 가능한 지속할 것일세.

산우회 149차를 마무리하며

가장 두려운 죄

 가장 두려운 죄가 있다. 사람 사는 가운데 존재하는 죄 중 가장 두려우며 용서받기 쉽지 않을 죄가 있다는 얘기다. 흔히 말하는 살인이 최극단의 죄는 아니다. 또한 사람을 이해하지 못하며 이해할 수 없는 것도 죄는 아니다.

 가장 두려운 죄는 무식의 죄이다. 하버드 출신의 박사든 옥스퍼드 대학의 교수든 그들이 반드시 유식의 대명사가 아니듯, 무학無學이 반드시 무식이란 건 아니다. 여기에서 무식이란, 그것이 아무리 작고 적은 것이라도 자신의 오만한 이익만을 위하여 상황을 이해하려 하지 않으려는 얄팍하고 의도적인 속마음이요, 그로 비롯된 언행이다. 죄의 싹틈이 바로 그곳에 있다. 세상을 살 만큼 살아온 내게 있어 이런 무식만큼 감당하기 힘들고 고통스러운 것이 없었기 때문이다.

 그럼에도 보다 본질적 문제는 나 자신 또한 그런 죄를 짓고 있다는 것이다. 사는 게 무엇인지 모를 때가 참 많다.

느닷없는 더위 속 귀갓길에
김포 골드라인 전철에서

오늘을 위한 빈자리

　110년 만의 공포스러운 수마水魔가 나라 온 구석구석을 찢고 할퀴고 폭염까지 동반하며 육신을 몹시도 괴롭히더니, 그도 시절을 이기지 못함인가!
　입추가 훌쩍 넘고 엊그제 처서가 지나니, 오늘은 아침저녁으로 제법 서늘한 바람까지 온몸에 감긴다. 이 한 해도 반고비가 훨씬 넘은 시간. 어제와는 온전히 다른 오늘의 '무엇'을 위한 '빈자리'가 요긴할 때이다.

제법 서늘한 바람이 불어올 때
김포골에서

소우주

인간을 소우주小宇宙라 한다. 불가사의한 인간 속(정신과 영혼)의 깊이와 넓이를 들어 일컫는 것이리라. 시작이 엊그제 같았던 한 해도 벌써 세밑에 바짝 섰다. 한 해의 마지막 날을 떨구고 새해의 첫날을 맞는다는 것이 그저 일상의 연속에 다름 아니지만, 그럼에도 한 해의 마무리는 '나'를 돌아보고 또 다른 한 해의 '나'를 바라봄이라는 뜻에서 유의미하리라.

대大우주야 내가 어찌 알겠냐마는, 적어도 '나'라는 소우주의 작은 일단이라도 탐색해 보는 시간은 될 수 있지 않겠는가 하는 것이다. 혹이나 지난 세월 자신은 뒤로하고 그저 많은 주변과의 관계에만 힘쏟은 건 아닌가 하는 성찰이 있다. 여느 때보다도 자신에 대한 사변思辨의 숲에 잠시 머무를 시간이다.

세밑
김포골 작은 서재에서

그대로 있는 곳에서, 그럼에도 다른 것으로

 초월자의 뜻, 뜻, 뜻… 이라지만, 그 뜻이란 과연 어떤 뜻이란 말인가. 아무리 머리를 굴려 봐도 알 수가 없다. 아니 알 턱이 없다. 그래서 나름 내린 결론은, 그저 오늘 살아가는 모든 내적 사고, 외적 행태 및 그로써 펼쳐지는 상황 등이 바로 그 '뜻'의 뜻이 아닐까라고.
 갑작스레 엄동설한의 날씨가 되더니, 한낮이 다 되어 가는 시간임에도 기온이 영하 12도, 체감은 영하 16도라 한다. 둔한 몸이 운동에는 마땅치 않으나 어쩔 수 없이 온몸을 감쌀 수 있는 옷이란 옷은 다 꺼내어 겹겹이 껴입고, 말 그대로 칼바람에 눈망울까지 베이며 족히 2시간여에 걸쳐 이곳저곳 시공時空을 넘나들었다.
 얼마 전 이사 온 집이 남동향이라는데, 오전 내내 거실 안 깊숙이까지 따스한 햇살이 넘실댄다. 커피 한 잔과 더불어 읽고 있던 책을 펼치니, 주변 사념들이 슬며시 자리를 비켜 주는 듯하다.
 하도 주변에서 뭔 욕심이든 버리라 하니 든 나이에 이런 분위기가 주는 평안과 평온조차 버려야 할 욕심일까. 일상을 흘러가는 시간의 물결에 그대로 맡기는 것이 욕심 버림인 것이요, 그곳에 내 못된 인위人爲를 쥐어짜 끼워 넣는 것이 욕심이란 얘기일 수도 있겠다. 또한 자신의 깜냥도 되지 않을 알량함을 의도적으로 떠벌려서 주변이 그것을 인정해 주기를 바라는 심정, 이 모두가 욕심 편향이란 얘기겠지.

아무리 뭐라 해도
이리 넘어가는구나…
이리 사라지는구나…
이리 잊히는구나…

잠시라도 버리지 못할 욕심을 끌어안고 살 수밖에 없는 욕심 존재일 뿐이지만, 새해에는 욕심 편향에서 잠시라도 벗어나 초월자의 뜻을 따라 보리라.
세밑이다. 오늘은 나 자신이 세상 하늘을 향해 울음 망울 터트린 날인지라 이런 감상이 더욱 드는 듯하다.

12월 31일
김포골에서

반전

왼쪽 팔 전체가 수 주일째 저리고 근육통이 있어, 잠도 제대로 이룰 수 없는 날이 잦아져 별의별 생각이 다 들었던 요즘이다. 통증 부위에 마사지만 열심히 하면 괜찮아질 거라는 생각으로, 병원조차 가지 않고 수 주간 스스로 마사지만 하며 통증을 견뎠지만 효력이 없다. 나름 원인을 곰곰이 생각해 봐도 떠오르는 건 일터에서 수 시간씩 밀가루 반죽하는 일 외에는 이렇다 할 이유를 찾아낼 수가 없었다. 급기야 버티기가 만만찮아 병원에 갔더니 전혀 뜻밖의 원인을 의사가 얘기하지 않은가. 목에 손상이 심한 디스크가 있다 한다. 팔이 그리 아픈데 목의 디스크가 그 원인일 줄이야. 뜻밖의 반전反轉이다. 다행히 팔이 아닌 목 주위에 단 한 번 물리 치료를 받았을 뿐인데도 통증의 상당 부분이 가라앉아 평온한 숙면을 취할 수 있었다.

반전이란 자신의 그 잘난 아집我執이 뒤집어지는 일이다. 부정적 의미의 혹은 그릇된 자기중심적 사고를 부숴 버리는 무엇이다. 스스로의 생각에만 사로잡힌 집중적 사고로 인하여, 심정상 그것이 사실인 양 굳어짐으로써 더욱 중요한 것을 놓칠 수 있는 무익하고 무의미한 아집을 깨뜨리는 무엇이다. 여느 해보다도 더욱 거칠어진 사회 환경 등으로 인하여, 더욱 도를 넘어 알게 모르게 영과 육을 좀먹는 심중에 갇혀 있는 무익하고 해가 되는 것들을, 한 해가 가기 전 온전히 제하여 버리고 제대로 된 반전을 기해 볼 일이다.

11월의 어느 날
김포골 작은 서재에서

한양도성길을 걸으며

 한양도성길의 '인왕산 구간' 곧 3호선 전철 경복궁역에서 출발하여 창의문(자하문)까지 약 6.5킬로미터의 산길을 걸었다. 인왕산 구간은 옛 도성의 흔적이 제대로 남아 있질 않아 옛길을 살펴보기가 쉽진 않으나, 대신 인왕산 자락을 오르고 내리는 길이 제법 가팔라서 그런대로 산행의 묘미가 있으며, 내부 도성길을 따라 걸으며 청와대와 국립고궁박물관과 시내 광경 등을 굽어보는 재미도 쏠쏠해 시도해 볼 만한 산행 길이다.

 이 산행 길의 대미大尾는 구간의 최종 목적지인 창의문(자하문)에 위치한 '윤동주 문학관'이지만, 이곳에 이르기 바로 직전에 조성된 '시인의 언덕'과 그곳에 다소곳이 놓인 그의 대표적인 시인 〈서시〉[29]를 적어 놓은 커다란 바윗돌 시비詩碑를 찾아보는 것도 의미 있는 일이다.

> 별을 노래하는 마음으로
> 모든 죽어 가는 것들을 사랑해야지
> 그리고 나한테 주어진 길을
> 걸어가야겠다
>
> - 1941년, 윤동주, 〈서시〉 -

---

29) 《하늘과 바람과 별과 시》 시집 수록

대표적인 위의 〈서시〉보다 3년 전에 쓰이고 그의 장례식장에서 유족들이 낭독했다는 〈새로운 길〉이라는 시를 읽어 본다.

내를 건너서 숲으로
고개를 넘어서 마을로

어제도 가고 오늘도 갈
나의 길 새로운 길

…

나의 길은 언제나 새로운 길
오늘도…… 내일도……

- 1938년, 윤동주, 〈새로운 길〉 -

그가 그토록 걷고 싶었던 "나한테 주어진 길", "나의 길은 언제나 새로운 길". 28년의 짧디짧았던 생애에 그 길은 그에게 어떤 길이었을까?

겨울을 여는 길목에서
서울 한양도성길을 걸으며

돌아옴 UND…

 외국 생활에서의 잠과 일상은 자는 것인지 눈을 뜨고 있는 것인지 늘 뿌연 우윳빛이었다. 그러다 보니 그 속에서 보고 듣고 맡고 만지며 맛보는 모든 오감이라는 것이 본래의 형질로부터 대부분 유리되어 낯설고 공감하기가 만만치 않은 양식과 내음으로 가득 차 있었다.
 성숙의 계절, 가을의 문턱에 이 땅에 돌아왔다. 짙어 가는 가을의 향취와 초록의 싱그러움이 오랫동안 가슴 한편에 켜켜이 묵힌 채로 뿌옇게 쌓여 있던 향수를 순식간에 떨쳐 주며 영과 육을 얼마나 설레게 하는지…이틀이 멀다 하고 가을의 모든 것을 풍요롭게 가슴에 담아내려 작은 배낭 둘러메고 부지런히 나다니고 있다.
 이 땅이 한평생 베풀어 준 고귀한 생명의 숨결과 아름답고 짙은 초록의 사랑을 어찌 그리도 까맣게 잊고 살아왔는지 미안함이 앞선다. 품고 있는 대지를 한껏 껴안고 맑고 푸른 하늘을 향해 치솟아 있는 초록의 생명들 사이를 걸으며 잠시 상념에 잠긴다.
 말년에 이르기까지, 가까운 가족에서부터 이웃의 벗과 친지, 더 나아가 동시대 사람들에 대한 부박浮薄한 이해에 많은 아쉬움을 느끼고 있었는데, 우연한 기회에 오스트리아 태생의 유태계 정신과 의사이자 심리학자인 알프레드 아들러Alfred Adler를 알게 되었다. 산행을 하기에는 다소 늦은 시간이었지만, 가는 길에 서점을 들러 그의 대표작인 《인간이해Menschenkenntnis》를 사 들고 산행에 나섰다. 거의 6년 만에 걷는 산행 길이 좀체 자신이 없기는 했으나, 큰맘 먹고 아들러의 《인간이해》를 옆에 끼고 오르기로 한 것이다.

 알프레드 아들러는 지그문트 프로이드Sigmund Freud와 칼 구스타브 융Carl Gustav Jung과 더불어 현대 심층심리학 분야에서 중요한 한 축을 이루는 저명한 정신과 의사이자 개인 심리학을 창시한 학자이다. 거장 프로이드와 칼 융의 책과는 다르게 나와 같은 문외한도 읽고 이해할 수 있도록 쓰인 책이다. 이제부터 《인간이해》와 그의 모든 저작들을 향한 긴 여정을 떠나 보려 한다.

9월의 어느 날
서울에서 북한산 도봉옛길을 걸으며

옛과 오늘

그 세勢가 높고 깊고 험하여 기개가 하늘을 찌를 듯한 산을 올라 봄도 가하지만, 세월이 흐르며 인생의 나이테가 제법 두터워져 호연지기를 뽐냄이 쉽지 않으니, 이제는 육신이 감당할 수 있을 만큼만의 산 둘레길을 다니는 것이 가可하다는 생각이 든다.

또 하나, 나이가 들어 가니 스스로를 바로 바라보기가 마땅찮을 때가 잦다. 얼마나 부끄러운 옛 젊음이었나? '어떠한 이(사람)가 될 것인가'가 아닌 그저 '살아 내야 한다는 생존 그 자체'가 중심이 되어 버린 민망한 옛 삶이지 않았나? 이즈음 둘레길을 좋아함은 조금이라도 그런 부끄러움과 민망함에서 벗어나고픈 때문이다. 자신을 바로 보지 않고 둘레에서 바라봄이, 그나마 그러함을 덜어 주는 듯하여서이다.

시간에 구애받지 않고 지낸다는 것은 시간의 흐름을 공연히 의식하지 않는 것이다. 이러한 시간관념은 옛것과 오늘의 것을 동일 선상에서 동시에 의식하게 하는 관념이다.

> 그리하여
> 보아야 될 것이
> 들어야 될 것이
> 느껴야 될 것이

그래서 알아야 될 것이
여전히 남아 있음을 알고 사는 한
살아야 할 이유가 있음을 알게 된 오늘이다.

국립고궁박물관, 북촌한옥마을 그리고 서울로7017[30]을 걸으며 보며 들으며 느꼈다. 서울의 옛과 오늘을 동일선상에서 걸으며 '나'의 옛과 오늘을 알고자 했던 날이다.

어느 10월의 월요일에
서울에서

---

30) 옛 서울역 고가의 리모델링. 원래의 콘크리트 고가 위에 정원을 꾸미려니 우물통 모양의 콘크리트 통을 만들어 화분으로 삼고 그 안에 각종 꽃나무들을 심어 놓았다. 좋은 아이디어가 아닌가 생각된다.

새벽 풀숲 헤치고…

새벽 풀숲을 헤치고 걷자니 밤새 풀잎에 영근 찬 이슬이 장딴지를 심히 자극하며 싱그러운 청량감으로 정신을 번쩍이게 한다. 풀숲을 지나니 김포 평화누리자전거길을 끼고 수십 km 군軍 철책이 연連이어 있고, 그 넘어 한강 변 습지대의 물웅덩이 여기저기에는 이름 모를 뭇 새들의 먹이 찾는 일상이 분주하다.

오늘은 강화도 가는 길의 전류리 포구와는 반대 방향인 아라뱃길 김포항 쪽의 자전거길을 따라 약 20여 km의 둘레길을 걷는다. 거의 매일 수년을 다녀도 늘 새로운 느낌과 즐거움을 선사하는 둘레길에 오늘따라 더 큰 정감이 인다.

해가 중천에 떠오른 숲가에 이르니 올해 들어 처음으로 찌르륵찌르륵 느닷없는 매미 소리 귀청을 찢을 듯하다. 올해도 8월이 오긴 왔나 보다. 매미 소리 한여름을 재촉하니….

여름 장마가 끝났다더니 어마어마한 폭염과 열기의 시작이다. 90%가 넘는 습도로 인해 오랜 세월 살았던 중동 날씨를 능가하는 날의 연속이다. 며칠 후면 입추 시절이란다. 세상 어느 것도 자연의 섭리를 거스를 순 없으니 시절을 덮고 있는 이 폭염의 수壽도 그리 멀지 않을 터…. 마음은 벌써 가을이니 자신의 길을 더욱 다듬어 나갈 시절이다~

폭염과 열기가 한창인 날
김포 일산대교 밑 혼보(步) 길에서

숲의 고요

서재에서 조망되는 야트막한 산허리를 타고 들어 방을 채우는 바람이 제법 서늘하기까지 하다. 세상을 삼킬 듯이 기세를 부리던 폭염이 이제는 갈바람에 자리를 내어주려나! 누운 자리 박차고 나와 마을 주변 숲을 향한다.

하루살이의 생명 시간은 말 그대로 하루 남짓이요, 숲속 밤을 밝히는 반딧불이의 생명은 10여 일이란다. 태어난 지 이삼일 만에 짝짓기를 한 후, 수컷은 바로 생명을 마감하며 암컷은 일이백 개의 알을 산란하고 생을 끝낸다 한다. 짧은 생이 오히려 장엄하고 숭고하다.

수많은 시행착오로 점철된 보잘것없는 삶이지만, 변곡점 마다마다 있는 힘을 다하여 그나마 오늘의 자리에 온 것을 되돌아보며, 그런 삶이 혹이나 미물들의 그 장엄하고 숭고한 생과 유비(類比)라도 될 수 있다면 그저 감사할 뿐이다.

뭇 새들은 여전히 취한 잠에 머물고, 짙은 안개 속에 드리운 숲의 고요만이 새벽을 깨우고 있다.

새벽 숲을 거닐며
김포골에서

죽음-소망

이윽고
피할 수 없는 생로병사 중
가장 두렵고 떨리는
마지막 한계상황과 인간은 마주한다
죽음이다
그러나…
죽음이 반드시 주검일 수만 없는 것은
차디찬 그 자리 한편에
말할 수 없는 따뜻한 소망이 있기
때문이다
죽음-소망이다

떠나는 날

 이 세상에 머리를 처음 내밀었을 때, 어디 내 의지와 뜻으로 세상에 얘기했었나. 세상으로부터 육신과 영혼이 떠나는 날, 그처럼 아무런 의지와 뜻 없이 조용히 떠나리…. 세상 속에 있을 때 생각대로 너무 많은 얘기를 내뱉고 살았다. 못내 그 사실이 부끄럽다. 말없이 떠나리라. 아버지가 어머니가 그러하셨듯이. 하나님이시여, 그리되게 하옵소서! 언제 어디서나 죽음에 관한 단상들은 '오늘의 나'를 존재하게 하는 뿌리이다.

계절의 꽃 5월
서울 작은 서재에서

북방으로 가는 길

기러기가 돌아왔다. 지난 이른 봄 북방으로 떠났던 기러기가 갈바람 선선히 불어 대니 수천 리 길 마다 않고 제2의 고향, 이곳 김포 골을 다시 찾아온 것이다.

높고 푸른 하늘에는 수많은 기러기가 점점이 유유자적 떠돌고, 끼룩끼룩 낱알 들녘 위를 수없이 맴돌던 기러기는 지친 듯 한 마리씩 한 마리씩 곳곳에 내려앉는다. 이들의 소리 점점 잦아들며 그렇게 가을이 익어 간다.

곧이어 닥칠 찬 바람, 찬 서리 에이는 들녘에서 이 생명들은 그들만의 풍요롭고 평화스러운 동거를 누릴 것이다. 그리고 또 다시 이른 봄이 오면 수만 리 먼 그들의 진정한 본향 북방으로 미련 없이 떠나리라. 이 모진 세월 잠시 머물다 영겁의 시간이 흐르는 북망산으로 훌쩍 떠나는 우리네 인생처럼.

이런 무심한 세상에서 아련한 아쉬움이 있다면, 멀리 떠나신 어머니, 아버지를 더 이상 눈앞에서 뵐 수 없기 때문이리라. 어머니께서 소천하신 8년 전 오늘, 나는 중동 쿠웨이트에 있었다. 동생은 아내의 부탁으로 일주일 전부터 어머니와 아내가 함께 기거하는 화곡동 집에서 직장을 다니고 있었다. 어머니의 수壽가 가깝다고 느꼈던 아내가 장남인 내가 해외에 있으니 동생을 어머니 계신 집에 머물도록 부탁한 것이다. 2015년 10월 29일 아내로부터 바로 귀국하라는 전

언에 급히 밤 비행기를 타고 10월 30일 집에 오니, 어머니는 하루 반나절 지난 11월 1일 오전, 떠 드린 물 한 모금 입술에 적시고 내 이름을 부르시며 그렇게 소천하셨다! 그리고 그해 금년 만 8세인 막내 손녀 하리가 태어났다!

어머니 소천 8주기의 날
김포골에서

벗 고故 ○○○ 군을 보내며

생명들이 흐드러지듯 만개하여 온 하늘과 땅을 가득히 메워 가는 5월의 향기가 코앞을 스쳐 지나려는 바로 그 길목에서, 우리는 해맑고 아름다우며 순수한 가슴을 지닌, 반백 년 넘은 세월 함께한 깊은 우정을, 슬픔과 안타까움 아니 어쩌면 남은 우리 벗들이 더불어 동행할 수 없음에 미안함과 민망함으로 저 하늘로 보내게 되었다. 어제만 해도 하얀 길 웃으며 함께 걷더니, 오늘은 그 멀고 먼 길 무심히 홀로 떠나니 황망해도 이리 황망한 일 또다시 있겠는가.

○○ 군! 무엇이라 어떤 말을 자네에게 건넬 수 있을까. 4월은 우리 남은 우정들에게 역시나 잔인한 달이었네. 오랜 세월 뒤로한다 해도 자네가 남긴 그 황망한 자국만은 이내 우리 가슴에서 지울 수 없을 걸세.

그려…! 여전히 생명이 붙어 있는 우리가 자네를 떠올릴 때마다 아프고 시린 가슴 깊이 쓸어내리곤 하겠지만, 언제까지나 자네를 슬픔과 아픔만으로 가슴에 품을 수는 없지 않겠나. 죽음과 부활의 시간을 지나 이제 영겁의 시간을 살게 된 자네야말로 진정한 참 자유를 누릴 것이라는 확신과 믿음이 우리에게 있으니.

자, ○○ 군! 생전 자네의 육신이 이 땅에서 늘 그랬던 것처럼, 이제는 그 맑고 순수한 영혼으로 영원의 세계를 멋들어지게 날아 보시게나. 오늘 아침 마지막까지 자네 가는 길을 전송한 짙은 우정들이 보내 준 영상을 보며, 어느 교수가 쓴 '고통, 연민'에 관한 글이 공감되어 함께 이곳에 남겨 두네. 이 5월이 지닌 생명의 향기 우리 온몸으로 모아 자네에게 보내리라!

5월을 하루 앞둔 어느 주일
김포골 작은 서재에서

세월의 무게

현실에서의 존재 유무와는 무관하게 그분들을 뵈러 나서는 길은 언제나 즐거운 설렘이 앞선다. 살아 계신 부모를 만나러 가는 것과 다시는 육의 눈으로 뵐 수 없는 분들이 묻힌 곳을 찾아가는 설렘의 정도가 거의 유사하다는 얘기다.

가을볕이 제법 익어 가는 날, 집을 나선다. 오늘따라 하늘이 드높고 맑고 푸르며 바람 한 점조차 없다. 보통 한식이나 추석 명절에 가는 성묘를, 사뭇 번잡스러운 그런 날 대신 돌아가신 날에 가까운 시간을 잡아 편안하고 한적하게 찾아가곤 한 지가 오래다. 홀로 성묘이다. 떠나신 해의 수數가 여러 해 지나면 지날수록 묘를 찾는 가족들의 발걸음이 점차 뜸해지는 듯하다. 언젠가는 떠날 수밖에 없는 인생이 북풍 한寒 서리에 떨어져 짓밟히는 낙엽과 같으니 그 세월의 무게가 무척이나 힘겹게 느껴진다.

어느 토요일
경기도 분당 자하연 묘지에서

○○○ 교수 소고

그가 떠난 지 벌써 한 달이 되어 간다. 잊히기 쉬운 게 인간의 죽음이런가. 그야말로 나라의 운명이 급변하고 복잡다단했던, 말 그대로의 혼란과 혼돈의 시대였던 지난 몇 년 동안, 그가 그리도 사랑하고 존중하던 이 나라 국민에게 나름의 시대정신이나 혹 그에 준하는 말 한마디도 없이 세상을 떠났다는 사실에, 그를 존경하던 내 경우 솔직히 많은 아쉬움과 유감이 남는다.

그야말로 시대의 지성이요 문화 자체의 브랜드며 진정한 진보였다는 평가를 받은 그가, 긴 세월 이 나라를 그토록 어지럽힌 진보 코스프레의 위선에 대해, 어찌 그리 오랫동안 침묵했는지 아직도 무척이나 의문이다. 굳이 비교할 바는 아니지만, 이 시대의 또 다른 지성인 ○○○ 교수는 그와 달리 시대적 요구에 국민 앞에 당당히 섰던 용기 있는 지성이었다.

그에게 아쉬움과 유감이 있는 것은, 사는 동안 누구나 받을 수 없는 인간적 존경과 박수갈채를 받은 사람이 죽기 전에 반드시 해야 할 일이 있다면, 그것은 당시 세상 인ㅅ을 위한 자신의 선한 의지의 분명한 표현인 시대적 요구에 관한 얘기 한마디쯤은 남겨 두고 떠나야 되지 않는가 하는 관점에서이다. 그가 살아 돌아와 이에 대한 자신의 입장을 새삼 표하지 않는 한 그의 진심한 속생각을 알 도리가 없지만.

잿빛 구름이 하늘을 잔뜩 덮고 있다. 이 구름이 한바탕 비를 뿌린 후에야 진정 따스한 훈풍이 불어오려나.

어느 봄날
김포골 숲길에서

기다리는 마음

나이가 들어 갈수록 세상살이가 참으로 만만치 않게 느껴진다. 늘 아슬아슬한 줄타기의 연속이 현실적 삶의 모습인 줄 더욱 확실하게 깨닫게 되는 것이다. 지난 세월이 어찌되었든 그래도 예까지는 그러저러 목숨 부지하며 살아왔는데 앞으로가 문제다. 인생 최대, 최고의 지난한 문제에 어쩔 수 없이 부딪혀야 되니 말이다.

죽음이 그것이다. 자주는 아니더라도 문득문득 떠오르는 죽음! 그것이 무척이나 두려운 것은 그것이 인위적으로 극복할 대상이 아니기 때문이다. 물리적으로 모든 것의 끝이요 마지막인데, 어찌 극복의 대상이 될 수 있는가. 유일하게 넘어설 한 가지 방법(?!)은 있다. 사랑하는 여인을 한없이 그리는 마음으로 뜻을 다하여 그것을 고대하는 것이다. 그저 두려움으로 닥칠 수밖에 없지만, 체념으로만 기다릴 것이 아니라 역설적으로 가슴 뛰는 설렘으로 기다려 보는 건 어떨까 하는 것이다.

천상병의 시 〈귀천〉처럼 세상에서 가장 그립고 아름다운 여인, '울엄마'의 평화롭고 따스한 손 잡고 깡총 걸음 뛰며 소풍 갔다 집으로 돌아가는 심정으로 가리라. 그러므로 죽음은 넘어설 수 있는 것이요, 설렘으로 기다리는 것이 되리라.

가을이 지나는 날
김포골 작은 서재에서

'떠남'에 대한 단상

한 사람 한 사람
곁을 떠나고…
남은 자들 또한 보내야 하고…
결국 나도 따라 갈 것
그것이 하늘의 섭리!

있는 자나 없는 자나
들어갈 자리 금이나 은으로
도배한들 무슨 뜻이 있겠는가?!
모든 것이 다 허무하고 허무할 뿐!!
오늘
우리 모두가 3천 년 전 미라mirra의
허무를 보듯이…

그러므로
'떠남'이야말로
있는 자나 없는 자나
모두가
가장 '평등'할 때가 아니겠는가?!

그러니
감사하자!!

그리고
감사!
감사! 로서

떠나자
...

떠나자!!

                                      11월 초겨울의 자리
                                      어느 장례식장에서

죽마고우 '김○○' 군의 비보

"그래도, 그래도… 더 오래 버틸 수 있을 걸세.
워낙 인내심 강한 친구니까…."

언젠가 한동안 보이지 않던 ○○ 군의 소식을 주변 동기에게 물었더니, 병원에서 나와 집에서 그저 누워 있노라는 전언을 듣고서 함께 한 동기에게 한 얘기다. 막상 ○○ 군의 비보를 처음 접할 때엔 오히려 아무 생각 없이 무심하더니 지금에서야 뒤늦은 아픔이 다가온다.

학창 시절에 다소 거친 생활을 해 온 것을 듣고는 있었지만, 졸업 후 수십 년이 지난 10여 년 전부터 지난해에 이르기까지 동기 산우회에서 만난 ○○ 군은, 전혀 그런 느낌이 없는 매우 순수하고 따뜻하며 어진 마음을 지닌 동기였으며 무엇보다 참으로 용감한 동기였다. 잔잔하고 조용한 모습의 말투, 무엇보다 주변을 배려하는 따뜻한 심성, 그리고 자신의 상당한 아픔을 전혀 내색하지 않는 인내심 깊은 용기 있는 모습 등.

지난해 11월, 딸의 결혼식에 아픈 몸을 이끌고 축제에 맞는 멋진 정장을 하고 어려운 걸음으로 참석해 주어 감사하게 본 후로는, 유감스럽게도 오늘 그의 비보에 이르기까지 ○○ 군을 볼 수가 없었다. 그 후 다시 만나 그 좋아하던 소주 한잔 대접할 길 없어 섭섭했던 차에 이런 황망한 비보를 듣게 된 것이다. 이제 자네를 다시 볼

곳은 어딘가. ○○ 군이여! 그동안 함께해서 감사했네. 꼭 다시 보시게나.

2020년 3월 11일 수요일
지난 55년 여 우리 양정56의 오랜 동기 '김○○' 군의 비보에
깊은 애도를 표하며 삼가 그의 명복을 비는 마음으로
이 글을 군의 영전에 바칩니다.

두 영혼이 떠나는 날
- 팝의 고전 'Soldier of fortune'을 띄우며

두 영혼이 같은 날 이 한 해의 끝머리에 영원히 내 곁을 떠났다.

"해외에서 빡세게 5년만 굴러 보라."
"두려워 말고 새로운 길을 찾으라."

김우중 전 회장이 한 대학 강연에서 젊은이들에게 조언했다는 내용이다. 그는 결코 실패하지 않았다. 그는 세계 도처에 수많은 사람들에게(젊은이뿐 아니라 나이 든 사람들에게도) 제대로 된 삶의 한 방향을 제시해 준 탁월하게 성공한 자이다. 그의 성공은 신화가 아니다. 그의 성공은 한 인간의 위대한 현재요 현실이다.

"종잣돈 500만 원에서 재계 2위로…
89조 인류 최대 파산 추락"

2019년 12월 11일 오늘, 한 종합 일간지에 이와 같은 큰 제하의 기사가 그 자신의 삶의 역정과 함께 실렸다.

오늘은 아주 우연히도 죽마고우 이○○ 군이 영원의 길을 떠난 날이다. 그리고 내 생일이기도 하다. 주변에서 갑자기 곁을 떠나 사라져 버림은 언제나 그렇듯이 잠시 막연함과 먹먹함을 가져다주곤 한다. 그러나 사라져 버린다 해서 그 영혼이 결코 홀로는 아니다. 그 영혼은 우리 모두가 이 세상을 떠나는 순간까지 언제나 우리 마음속에 쉼 없이 맴돌고 있기 때문이다.

김우중 전 회장은 나의 전 인생의 틀을 확고하게 잡아 준 인물이다. 그의 길이 곧 평생의 나의 길이 되었기 때문이다. 최근까지 거의 6년여 간을 해외에서 '빡세게 굴러' 보았다. 인생 최후반에 이르러 김 회장의 조언대로 삶을 살아 봤다고 감히 얘기할 수 있다. 그 결과가 내게 무엇을 남기었든지 간에.

그리 자주 보며 친분이 깊었던 동기는 아니었으나, 불과 얼마 전 동기들과 수학여행을 갈 때 하룻밤을 함께한 친구인지라, 지금도 그 때가 눈앞에 어른거리는 동기이다.

"야 이눔아. 이제 너두 술 좀 작작 먹어라. 오늘 간 이눔도 예전에 너처럼 그리 술을 들이켰단다. 이눔처럼 너까지 이리 일찍 떠나게 하고 싶지 않으니…."

어제 저녁 고인이 된 친구가 누워 있는 장례식장에서 함께 한 동기들이, 내게 던진 장난기 어린 조언이 오늘 이 아침에 선하다.

"이 시키들아, 그래서 난 너희들이 디게 이쁜 거여. 그러니 그런 의미(?)에서 낼 만나 또 한잔하자구."

친구여. 언젠가 천상에서 다시 볼 때, 얼마 전 함께 한 흥겨운 수학여행 길에서처럼 막걸리 잔으로 우리들의 얘기를 다시 시작해 보자꾸나. 평안히 잘 가려므나…. 잘 가라…. 이 두 영혼이 가는 길에

팝의 고전인 딥 퍼플Deep purple의 '솔저 오브 포춘Soldier of fortune'을 띄운다.

　　　　　　　　　　　　　　　　두 영혼이 떠나는 날
　　　　　　　　　　　　　　　서울의 작은 서재에서

우○○ 님 떠나시는 날

　시간과 공간에는 끊어짐이 존재하지 않습니다. 삶과 죽음에도 그러한 끊어짐이 없음을 압니다. 삶의 한편이 죽음이요, 죽음의 한편이 영원이기 때문입니다. 보이는 것은 끝이 있어도 보이지 않는 것은 영원합니다. 세상 일체의 고통과 아픔에 스스로 갇혀 있던 육신이, 무겁던 짐을 홀연히 벗어 버리고 한 줌의 하얀 가루가 되어 본래의 흙으로 다시 돌아갔습니다. 그리고 새의 깃털보다 더 자유롭고 흥겨운 날개를 단 영혼으로 화化하여 영원의 곳으로 훨훨 날아가고 있음을 봅니다.

　돌이켜 생각하니, 당신은 그 크신 사랑으로 우리 모두를 진정으로 품어 주셨습니다. 그러나 우리는 당신의 가없는 사랑에 반하는 이기적 욕심으로 당신께 아픔만을 드렸을 뿐입니다. 그것이 당신이 더 이상 계시지 않는 이 허虛한 자리에서 모두의 마음을 더욱 저리게 하고 있는 것입니다.

　그러나 이제는 당신이 그토록 사랑했던 초월자의 진리 속에서, 우리 모두에게서 부족했던 사랑을 한없이 한없이 받으소서! 그리하여 영원한 평안의 품에서 이 세상 어디든지 언제든지 다니시며 못다 이룬 모든 꿈을 이루소서.

　그동안 너무도 미안했습니다. 그리고 진심으로 감사했습니다. 진심으로!

살아 생전엔 끊을 수 없었던 두텁고 질긴 연緣의 끈을, 기쁨의 칼로 베어 버리고 환희의 송가를 부르며 가옵소서. 편히 가옵소서….

비 내리는 8월 어느 날
진천 보탑사에서

어느 부고

조금이라도 친분이 있던 사람이 세상을 떠났다는 얘기를 들으면, 그 사람과의 친분의 정도를 불문하고 뭔지 모르게 숙연한 마음이 인다.

어제 고교 동기가 유명을 달리했다는 부고를 듣고 종일 마음이 우울하더니, 오늘 새벽 동기회 총무로부터 내일이 발인인데 시신을 운구할 사람이 없으니 동기들이 나서 주어야겠다는 공지에 어릴 적 그의 모습이 떠오르며 눈물이 뺨을 적신다. 형제지간도 없이 살다가 이제 마지막 가는 길에 시신조차 운구할 사람이 없다는 소식에 더욱 마음이 아리다.

고교 졸업 후 한 번도 함께 술 한잔 해 본 친구는 아니나, 기억컨대 얌전하고 조용한 모습의 외아들로 당시에는 제법 친하게 지냈던 친구로 생각된다.

짧다면 짧고 길다면 긴 인생을 살아오며 이런 모습 저런 모습으로 만나 온 수많은 사람들이 떠오르며, 그동안 그들이 내 생애에 얼마나 소중했던가를 생각하니 그 귀함이 새삼 느껴진다. 누구나의 죽음에 친분의 대소가 대수인가! 친구들아, 어서 가서 그의 마지막 가는 길 함께 하며 그의 영구永久한 자리에 짧은 세월 그가 밟아 왔던 이 땅의 흙 한 줌이라도 뿌려 주자.

그리고 친구여, 잘 가게, 잘 가게…….

삶과 죽음의 생각에 새벽잠을 설친

쿠웨이트 작은 아파트에서

아버지의 11주기 추도일 소감

아버지의 '성실'과 어머니의 '인내'라는 두 개의 바퀴가 끄는 수레 위에 자손인 모든 가족들이 함께 타고 있습니다. 우리 모두는 언제까지고 육신의 아버지, 육신의 어머니가 될 수 없습니다. 우리 모두는 언젠가는 영靈의 아버지, 영의 어머니가 됩니다. 그것이 하나님의 인간에 대한 섭리입니다.

엊그제 아내로부터 어머니의 사망 신고를 끝냈다는 소식을 듣고, 슬픈 마음과 더불어 하나님의 크신 섭리에 순종해야 하는 자로서 영의 아버지, 영의 어머니를 생각합니다.

'영의 부모'는 자식들에게는 복음입니다. 하늘에서 오는 은총으로서 자식들에게 주어지는 거룩하고 기쁜 소식(복음)인 것입니다. 이 땅에서의 '사망 신고'는 천국에서는 '입주 신고'요 영원한 삶의 시작인 '출생 신고'이기 때문입니다.

11년 전 11월 11일에 소천하신 아버지를 그리며
쿠웨이트에서

메멘토 모리 Memento mori

　젊음이 육신을 지배할 때에는 아무리 떠올리려 해도 불가한 것이, 사회적 인정이 사라지는 육십 이후가 되는 노년의 나이에 접어들면, 문득 문득 떠오르는 것이 있으니, 곧 '죽음'이다.

생로병사生老病死
사람이 나고 늙고 병들고 죽는 네 가지 고통!
크로노스chronos의 삶
필멸必滅의 삶!

　인간이 아무리 해도 피할 수 없는 한계상황 중에 한계상황!
　바로 '죽음'이다
　인생 어느 시기, 특히 노년의 세월에 이르러서는 언제나 가슴 한편에 늘 간직하며 스스로를 돌아볼 것이 있으니, 그것이 곧 '죽음'일 이유가 있다.

　　　　"메멘토 모리Memento mori,
　　　　네가 죽을 것을 기억하라"

　　　　　　　　　　　　　7월 어느 날
　　　　　　　　　　　경기둘레길을 걸으며

신앙 -부활, 영원

소망이란
새로 태어남 born-again 을 지향하는 부활이며
그 궁극이 영원임을 알 때
신앙이 된다
신앙-부활, 영원이다

아, 그래!
이게 답이야
질곡의 인생사의 마침표야!!

고개 숙인 억새

극심한 폭우와 강풍에도 그토록 꼿꼿하던 억새가 찬 서리, 찬 바람 내리고 불어 대는 시절이 오니 또렷했던 목을 땅 아래로 흩트린다.

젊음의 삶이 치열하다지만 나이 들어 보니 노인의 삶의 시간이 더욱 치열한 듯하다. 늙음 자체가 막바지에 이르면 이를수록 눈에 보일 만큼 한정된 삶이 치열할 수밖에 없다는 얘기다. 짐짓 자신은 마음이 젊네 모습이 동안이네 하나 그것은 오직 스스로의 알량한 위안일 뿐이다. 늙음이란 그런 것에는 당초 어색한 자리여서, 늙음이 지녀야 할 진정한 자존감이나 자신감은 다른 곳에 있어야 한다.

나이가 들며 아직 때는 아니라 하나, 가끔은 몸과 정신을 제대로 가누지 못할 때가 온다면 어떻게 살아갈까 하는 우려스러운 생각에 잠길 때가 있다. 그때마다 스스로 다짐하는 믿음이 있다. 신神이 우리를 세상에 뜻이 있어 보내셨듯이 뜻이 있어 다시 불러 가신다는 믿음, 살아오는 동안 온갖 어려움 견딜 수 있도록 힘과 능력을 주셨듯이, 삶의 마지막에 이르러서 또한 그때를 이길 힘과 능력을 주신다는 믿음, 곧 신의 불가해不可解한 능력에 대한 믿음이다. 꼿꼿하던 억새의 목이 시절에 따라 땅으로 꺾어짐이 섭리에 대한 믿음이듯이!

그런 믿음에만이 자신의 진정한 자존감과 자신감이 있다고 생각한다. 살다 보니, 길이요, 진리요, 생명이 '내myself'가 아닌 것은 분명하다. 예수 그리스도야말로 바로 진정한 길이요, 진리요, 생명이다!

겨울의 문턱에 서서
김포 생태골에서

푯대

먹고사는 것만큼 인생에 중요한 문제는 없다. 그러기 위해서는 말할 것도 없이 무언가를 해야 한다. 그러나 그저 먹고 살기 위해 무엇인가 해야 한다는 것에만 방점을 찍는다면, 삶의 질은 한없이 낮아질 수밖에 없을 것이다. 보다 중요한 것은 그 무엇인가가 지향하는 바이다. 그것이 바로 삶의 목표요 이른바 푯대이며, 미래에 있어서의 궁극의 소망이기 때문이다.

> "내가 이미 얻었다 함도 아니요
> 온전히 이루었다 함도 아니라…
> 형제들아 나는 아직 내가 잡은 줄로 여기지 아니하고
> 오직 한 일 즉 뒤에 있는 것은 잊어버리고
> 앞에 있는 것을 잡으려고 푯대를 향하여
> 그리스도 예수 안에서 하나님이
> 위에서 부르신 부름의 상을 위하여 좇아가노라"
> (빌립보서 3:12-14)

사도 바울은 로마의 감옥에서 쓴 옥중서신 중 하나인 빌립보서에서 자신의 평생의 지향점을 말하고 있다. 이 서신이 기록된 때가 서기 63년경이니 사도 바울의 나이가 거의 60세에 이르렀고 그의 전

도 생활도 30여 년에 다다라, 사도로서의 경륜과 인간으로서 체험한 세월 또한 최고조에 달한 시기라 할 때, 그의 말에서 깊은 시사점을 느끼게 된다.

앞으로의 세월에 소망이 있는 자는 참 산 자이다. 그는 죽어도 산다. 나이가 들어 갈수록 보다 선명한 푯대가 요望해지는 이유이다.

어느 겨울날
김포골 작은 서재에서

인간현상

근래 인상 깊게 읽은 책 한 권이 있다. 1960~70년대 우리 현대사의 격동의 시대에 맞서 살았던 씨알사상의 함석헌 옹翁이 읽고 생각을 새롭게 가다듬었다던 책이기도 하다.

떼이야르 드 샤르댕[31]이 쓴 《인간현상》(1938년)이란 책이다. 물질 자체에 생명을 향한 기초적인 정신(얼)이 있다는 전제로부터, 정신과 물질, 종교와 과학, 창조와 진화를 하나의 개념으로 파악하려 한 책이다. 또한 그는 새 생명으로의 진화에는 어쩔 수 없이 희생이 대가로 치러져야 한다고 한다.

"멸滅해지고 섞이고
그 혼돈 속에서 새로운 질서가 건설되고…."

샤르댕은 이 책으로 인하여 창조론자(교황청)와 진화론자 모두로부터 거센 공격과 비난을 받았으며 결국 교계로부터 파문까지 당하게 되었다. 내가 샤르댕에 관심을 가진 이유는, 역사상 최고의 천재라고 일컬어지며 만유인력을 발견한 17세기 계몽주의 시대의 거장 아이작 뉴턴Isaac Newton과의 유사성을 보기 때문이다. 과학자이며 합리주의자인 뉴턴이 신비주의 학문에 몰두하며, '신의 힘, 우주를 형

---

31) 20세기 프랑스의 지질학자이자 신학자

성한 보이지 않는 힘'에 대한 믿음과 탐구로 평생을 보낸 것처럼, 샤르댕 또한 그러한 믿음으로 탐구를 계속해 왔기 때문이다. 뉴턴의 만유인력이 그의 사후 200여 년이 지난 20세기에 이르러서야 증명되었듯이, 샤르댕의 발견과 사상도 신의 우주적 경륜에 의해 언젠가는 그 베일을 벗고 증명될 것이라는 기대가 있다.

이 한 해도 어느덧 그 끝을 향해 가고 있다. 테러, 전쟁, 수많은 난민들의 대이동, 기아, 지진, 눈 폭풍, 가공할 한파 내습 등의 이상異常 자연현상, 끝없이 파괴되는 지구환경, 끊임없이 인류를 위협하는 새로운 질병 등, 이로 인해 인간의 존엄과 생명에 대한 외경畏敬이 사라져 가는 즈음에, 샤르댕의 《인간현상》과 더불어 인간과 생명의 본질에 대한 묵상을 해 봄이 어떨까 한다.

칼 구스타브 융Carl Gustav Jung[32]은 신을 믿는 것에서 더 나아가 "신을 안다I know the God."라고 했다. 나는 샤르댕과 아이작 뉴턴도 그와 같은 신에 대한 앎의 경지로 평생에 걸친 탐구의 생애를 보냈을 것이라고 생각한다. 나의 경우 내가 믿는 신(하나님)에 대한 앎이 어디까지 이르다 가게 될지….

어느 휴일 금요일
쿠웨이트에서

---

32) 칼 구스타브 융(1875~1961): 스위스의 정신과 의사, 정신병환자를 치료하기 위해서 정신분석의 유효성을 인식하고 단어를 통한 연상 실험을 창시하였다. 인간의 유형을 '외향형(外向型)'과 '내향형(內向型)'으로 나눈 유형론(Typopogy)은 그의 큰 공적이다.

사도 바울Paul과의 동행

　매섭기만 하던 추위도 때맞춰 온 절기(입춘)를 못 이겨 이젠 한숨 쉬어 가려나. 오늘따라 따스한 봄 햇살이 내리쬐고, 밀알을 머금은 대지는 예사롭지 않은 생명의 기운을 하늘로 뿜어내는 듯하다. 그때가 온 것인가?
　언젠가는 바울을 한껏 공부하겠다는 심중의 큰 바람이 있었다. 젊은 시절 살기 위해 하늘 높은 줄 땅 넓은 줄 모르며 이리 뛰고 저리 뛰던 시절, 그럼에도 늘 마음 한편엔 2천 년 전, 단 한 가지의 목표 하늘 복음의 전도 확장을 위해 오롯이 자신의 모든 것을 내던지고 하나님의 영광과 예수 그리스도의 복음을 통한 세계인의 구원과 영원한 생명을 위해 목숨 건 긴 여정을 펼쳤던 바울! 그 바울에 말할 수 없이 매료되며 깊은 감동을 느꼈기 때문이다.
　얼마나 긴 세월이 흐른 걸까? 적잖이 고된 세상살이로부터 다소나마 손을 놓아도 될 나이가 된 지금, 그토록 고대하던 바울과의 동행에 나설 때가 되지 않았나 한다. 시간의 흐름만큼 세상을 바라보는 나의 눈도, 나의 속사람도 달라진 모습으로….

　　　　　　　　　　　　　　　　　　봄이 주는 따스한 날
　　　　　　　　　　　　　　　　　　김포골 생태공원에서

로마서Romans 읽기

  수많은 무리의 기러기가 새벽의 붉은 여명을 뒤로하고 하늘 높이 비상하고 있는 풍광이 참으로 장관이다. 마치 중세 로마 교회의 가증스러운 부패와 타락과 혼란으로, 신神의 뜻이 곡해되고 인간성이 말살되던 당시의 종교 역사가 종언終焉[33]을 고하고 새 역사의 장을 펼치는 모습에 다름 아니다.

  1517년 10월 31일, 마르틴 루터에 의한 종교개혁의 횃불이 독일 비텐베르크 성채교회 정문에 '사면증[34]'의 효력에 관한 95개 논제(반박문)'로 기치를 올린 지 505주년이 되는 10월 마지막 주간에, 우연히도 이《로마서》공부를 시작하니 나름 그 의미가 각별하다.

추색이 완연한
김포골 작은 서재에서

---

33) 존재가 사라짐
34) 면벌부(免罰符): 형벌을 감형한다는 뜻

성경의 진리가 꽃길과 함께

봄이 절정을 향해 한 발 한 발 다가가고 있다. 바람이 다소 불어대긴 하나 그 입김이 그리 매섭지는 않다. 이미 최미最美에 다다른 화려한 벚꽃에 이어, 여기 저기 진달래의 소담스러운 자태가 제법 흐드러진다.

여행하기 마땅한 계절이다. 허나 2천 년 전 바울의 선교 여행은 오늘날 같은 꽃길 여행이 아니었다. 그것은 예수의 마지막 예루살렘으로의 여행과도 같은, 죽음을 향해 가는 험난하기 이를 데 없는 시련과 고난, 고초로 중첩된 십자가의 길이었다.

동족과 이방인의 박해와 방해를 받아 쫓기고, 여러 번 태장笞杖[35]을 당하고 돌과 몽둥이로 수없이 맞으며, 감옥에 갇히고, 광야에서의 온갖 위험에 처하고, 태풍에 난파되어 깊고 짙푸른 바다를 하염없이 표류하고, 기갈飢渴[36]에 허덕이며 제대로 잠도 휴식도 취하지 못한 셀 수 없는 나날 등을 견디는 그런 여행이었다(고린도후서 11:23-27).

그럼에도 바울의 일상은 항상 기쁨과 감사로 넘치는 열정적 삶의 연속(빌립보서 4:4, 데살로니가전서 5:16)이었으며 영원한 생명을 확신하는 환희와 영광의 날들이었다.

부활 주간이란다. 단 한번으로 끝나는 부활이 아닌, 나날의 삶에

---

35) 몽둥이나 채찍으로 사람을 때리는 형벌
36) 배고픔과 목마름

서의 부활이 오늘날 우리네 일상에 요긴한 시대이다. 바울이 전 생애에 걸쳐 보여 준 항상恒常의 기쁨과 감사로서의 역동적이며 부활적 삶의 방식이 그러했듯이.

 이제 바울과 더불어 성경의 진리가 꽃길과 함께 가슴 밑바닥 깊은 곳으로부터 조금씩 조금씩 차오르는 느낌이다.

따사로운 봄볕 내리는 일요일
김포골 장릉을 거닐며

실족 그리고 위로

봄이 온 듯하나 그래도 아직은 속살이 훤히 보이는 숲의 서늘한 기운이 고즈넉하게 오르내리는 주변 숲길에 잔잔히 감긴다. 아무도 없는 고요 속을 홀로 거닐다 보니 지난 세월의 허물로 인한 많은 실족 사건이 아리게 떠오른다. "그런 실족이 오직 내게만 있을쏘냐."라고 나름 위안을 가져 보나 그것이 헛됨을 알게 되던 차에, 성경 한 구절에 대한 마르틴 루터의 주석(설교)으로부터 적지 않은 위로를 갖게 된 바 여기 나누고자 한다.

사도 바울이 예수의 직제자이며 12사도 중 수장 격인 베드로의 실족에 대해 공공연한 자리에서 매섭게 대면對面 책망하는 광경이 아래의 성경 구절에 가감 없이 표현되어 있어, 2천 년이 지난 지금도 매우 현실감 있게 느껴진다. 오늘날에도 그렇지만 당시의 이런 베드로의 위선적 행위는 기독교 복음의 핵심[37]을 벗어난 것으로, 오직 복음 전도에 하늘의 사명이 있는 사도 바울로서는 베드로가 어떤 종교적 위치에 있든 무관하게 그를 철저히 대면하여 책망하지 않을 수 없었다.

> "게바(베드로)가 안디옥에 이르렀을 때에
> 책망할 일이 있기로 내가 저를 면책하였노라

---

37) 이신칭의(以信稱義), 인간의 그 어떤 행위에 의해서가 아닌, 오직 믿음으로만 구원에 이른다는 복음

> 야고보에게서 온 어떤이들이 이르기 전에
> 게바가 이방인과 함께 먹다가 저희가 오매
> 그가 할례자들[38]을 두려워하여 떠나 물러가매
> 남은 유대인들도 저와 같이 외식[39]하므로
> 바나바도 저희의 외식에 유혹되었느니라"
>
> (갈라디아서 2:11-13)

- 마르틴 루터 주석 설교 -

 이런 사례들은(갈라디아서 2:11) 우리를 위로하려고 (성경에) 기록되었다. 하나님의 영을 소유하고 있는 위대한 성도(선지자, 사도)들도 죄를 범한다는 말을 들을 때 우리에게 큰 위로가 되기 때문이다. … 성경이 성도들의 잘못과 죄악을 제시하는 목적은, 절망으로 고통 받고 학대 받는 자들을 위로하고 교만한 자를 두렵게 하기 위해서다. 지금까지 아무도 다시는 일어설 수 없을 정도로 크게 넘어진 자는 없었다. 반면에 아무도 절대 넘어질 수 없을 정도로 단단히 발을 딛고 선 자도 없었다. 베드로가 넘어졌다면 나 역시 넘어질 수 있다. 베드로가 다시 일어섰다면 나 역시 다시 일어설 수 있다. 이런 사례들을 최대한 활용하면, 나약한 마음과 유약한 양심은 "우리 죄를 사하여 주옵소서." 또는 "죄 사함을 믿습니다."라는 기도를 더 깊이 이해할 수 있을 것이다. 우리도 사도들이나 다른 모든 성도가 갖고 있는 것과 똑같은 은혜와 기도의 영을 갖고 있다. 그들이라고 해서 우리가

---

38) 야고보에게서 온 어떤 이들, 곧 예루살렘에서 온 이들

39) hypocricy, 위선

갖고 있지 못한 특별한 권리를 가진 것은 아니다. 우리는 그들이 가진 것과 똑같은 은사恩賜와 그리스도, 세례, 말씀, 죄 사함을 갖고 있다. 그들의 필요는 우리의 필요보다 더 적지 않았다. 그들은 우리가 갖고 있는 것과 똑같은 것으로 거룩하게 되고 구원을 받았다.

어느 주일
김포 숲길에서

성경에 대한 소고

기독교를 믿든 믿지 않든 세상 책 중에서 가장 손에 잡히지 않는 책이 성경인 듯싶다. 무엇보다 재미없고 지루한 느낌의 책이라는 선입관이 있기도 하고 실제 그렇기도 하다.

사람들이 성경책 특히 신약 성경을 펼 때, 대체로 그 순서대로 읽는 것이 정도인 양하는 고정관념을 가지고 있어 펼치기도 전에 지루함을 먼저 느끼는 것이 아닌가 한다. 나 또한 그런 생각에 고정되어 있어 이를 벗어날 여러 방법을 고민하던 중 성경에 구성된 순서가 아닌 각 권이 쓰인 연대순으로 시작하는 건 어떨까 하는 생각이 들었다. 시대상의 변화 및 그에 따른 교회의 변천사 그리고 사도들의 순차적 행적과 성경 상호 간의 관련성 등을 보다 구체적으로 알 수 있겠다는 기대감이 성경에 대한 흥미를 다소나마 유발시켜 주지 않을까 해서다.

성경은 자신이 가지고 있는 종교의 종류, 믿음 여부와는 무관하게 적어도 일생에 한 번은 읽어 볼 만한 가치가 있는 책 중의 책이라는 것은 누구나가 의식, 무의식적으로 인지하고 있을 것이다.

어느덧 훈풍의 계절이 도래했음에도 사라질 기미 없이 기승을 부리는 몹쓸 역병이 뒤춤을 더욱 굳게 끌어 잡고 홀로의 시간을 더 즐기라(?)는 아집을 부리는 때에, 못 이기는 척 홀로 서재에 눌러 앉아 그동안 소홀했던 성경에 더욱 친숙해질까 보다.

장엄한 인류의 역사를 끝없이 이끌어 가는 성경이 언제나 바로 옆에 놓여 있다는 사실에 감사함은 말할 것도 없고, 과거의 나, 오늘의 나 그리고 앞으로의 나, 더 나아가 궁극의 천상에서의 나 자신에 말할 수 없는 소망을 갖는다.

초록의 부활이 움트는 6월
김포골 모담산 숲길에서

알파 & 오메가

성경 전체를 함의하는 키워드keywords 두 마디가 있습니다. 하나는 알파alpha로서 '그러므로therefore'이며, 또 다른 하나는 오메가omega로서 '그럼에도 불구하고nevertheless'입니다. Therefore그러므로를 알므로 크리스천은 믿음의 알파(시작)인 부활의 비밀을 알게 되며, Nevertheless그럼에도 불구하고를 알므로 크리스천은 믿음의 오메가(마지막)인 영생을 알게 됩니다.

최후의 고난인 죽음과 부활에 연속하는 영생은 크리스천에게는 자연스러운 과정과 결과일 뿐이어서, 찢어지는 고통과 넘치는 환희는 전적으로 동일선상에 놓여 있다는 겁니다. 일상에서의 평화, 평온이란 바로 그런 곳에서의 자리매김이 아닌가 합니다.

어느 지인과의 대화 중에서
김포골 작은 서재에서

일상 나날의 부활

젊은 시절엔 내 날이 끝이 없고 영원하리라는 착각 속에 생존과 바람을 위해 하루하루를 정신없이 그러나 나름의 열정으로 살았는데, 나이가 드니 때때로 삶의 무상이 느껴지곤 한다. 고단한 세월로 인해 나른해진 영육의 피로감도 있겠지만, 그보다는 젊을 때와는 확연히 다른 늙음으로 인한 불안이 전신에 퍼지는 것이 아닌가 한다. 다가올 마지막에 대한 두려움? 이승에 대한 미련? 글쎄… 그럴 수도 있다. 허나 그것이 무엇이든, 굳이 운명적으로 영원의 고독을 맞이할 수밖에 없다면, 그것을 고대할 것까지는 없더라도 '최후의 비전(꿈)'으로서 기꺼이 따를 것 아닌가.

아름다움이 초록 물결 넘실대는 산야의 따스한 봄볕에 녹아 있다. 400여 년의 풍상으로 다듬어진 장릉(홍경원)의 봄볕이 따사로운 주일 아침 풍경이다. 이때 고요 속에 한 울림이 있어 이런 무상의 미망을 깨우는 듯하다.

> "오지 않을 것 같던 봄도 오늘 따스한 볕으로 부활하고,
> 조선 선조의 아들 원종 또한 오랜 세월 다듬어진 장릉으로
> 오늘날 부활의 기쁨을 누리고 있지 않느냐?"

육신은 스러져 볼품이 없어지고 어차피 훼파(毀破)될 것이니, 나이

들어 가치 있게 지닐 것이란 오직 영과 정신인 것을 알게 된다. 그리하여 영원한 생을 향한 길에 부활을 고대하는 비전적 꿈은, 신앙의 유무와는 무관하게 나이가 들수록 점점 더 내 심저까지 투영되어 머문다.

  부활을 신앙적으로만 믿을 것이 아니라, 어느 날 느닷없이 마주할 그날을 위해 일상의 그날그날마다에서 의지적으로라도 좇아 믿어 보는 것 또한 나이 듦에 퍽이나 유익하지 않을까 한다.

익어 가는 봄에 젖어
김포 장릉에서

참예배

세계의 시계時計가 멈추고, 우리 모두의 삶의 시계視界도 앞을 내다 보기 쉽지 않게 되었다. 팬데믹Pandemic(세계적 유행병) 코로나가 창궐하여 온 세상의 일상이 멈추어 버린 이 시점에, 집단 감염의 우려가 되는 논란의 교회당 예배 문제를 보며, 성경의 한 구절을 묵상해 본다. 요컨대 진정한 교회가 드리는 참예배란 결국 예수가 말씀하신 '골방의 기도'라는 생각으로.

> "또 너희가 기도할 때에 외식하는 자와 같이 되지 말라
> 저희는 사람에게 보이려고 회당과 큰 거리 어귀에 서서
> 기도하기를 좋아하느니라
> 내가 진실로 너희에게 이르노니
> 저희는 자기 상을 이미 받았느니라
> 너는 기도할 때에 골방에 들어가 문을 닫고
> 은밀한 중에 계신 네 아버지께 기도하라
> 은밀한 중에 보시는 네 아버지께서 갚으시리라"
>
> (마태복음 6:5-6)

참 그리스도의 교회와 참예배를 묵상하며
서울 작은 서재에서

가서 나를 위해 네 할 일을 하라

역사학자 윌리엄 크라센William Klassen은 신약 성경을 희랍어 원전으로 검토한 결과 '배신'이란 단어가 오역이었음을 발견했다. 유다가 한 행동을 묘사할 때 항상 쓰이는 희랍어 '포타디도미pottadidomy'란 단어가 있는데, 이 희랍어를 번역하는 데 있어 영어본 성경에서는 유다와 관련이 없는 부분에서는 모두 '넘겨주다'로 번역을 하고 있는 반면, 유다와 관련된 부분에서는 이의 번역을 '배신하다'라고 번역하고 있다는 것이다.

예수는 갈릴리에서의 사역 기간 중 자신이 예루살렘에 가게 되면 대제사장에게 자신이 '넘겨질 것(포타디노미)'이라는 예언을 계속하고 있다. 또 예수는 그의 최후의 만찬에서 제자들 중 누구 하나가 자신을 '배신(넘김)'할 것이라고 말하며, 유다에게는 "가서 네 할 일을 하라."라고 말한다. 이와 관련하여, 크라센은 예수가 유다를 택하여 자신을 제사장에게 넘기도록 했다고 주장한다. 유다가 제자 중 회계를 맡고 있어서 일행이 예루살렘에 올 때마다 대제사장에게 신전神殿 입장료를 지불하는 일을 맡고 있으므로 그가 대제사장과 친분이 있다는 사실을 예수는 잘 알고 있었다. 그렇기에 그가 그 일을 맡을 적임자라고 생각하고 그러한 계획을 세웠으며, 궁극적으로는 자기를 제사장에게 넘기도록 종용까지 하였다는 사실로서 알 수 있다고 한다.

그러므로 크라센은 유다의 행동이 배신이라고 할 수 없다고 한다. 흔히 유다가 은화 30냥을 결국 받았기 때문에 '배신'한 것 아니냐는 얘기도 하지만, 은화 30냥은 유다가 당연히 받아야 할 돈이었다. 유대 체제하에서 누구든지 범인을 넘기는 자에게는 당연히 지불되는 돈이었기 때문이다.

유다와 관련된 성경의 내용을 보면, 유다가 신앙적으로 예수에 순종한 친구[40]였는지 아닌지는 잘 알 수가 없다.

그러나 기존의 많은 해석대로 유다가 예수의 메시아적 사역의 도구로서 쓰임 받은 것이 확실하다면, 그가 인간적으로 예수를 '배신'했다고만 보는 이제까지의 해석은 윌리엄 크라센과 같은 다른 관점에서의 해석과 더불어 생각해 볼 일이다.

"가서 나를 위해 네 할 일을 하라."

하나님 믿는 자들은 끊임없이 귀를 열고 이 말씀에 귀 기울이며 행할 일이다.

휴일의 날
중동에서

---

[40] 마태복음서에서 예수가 12제자 중 유일하게 '친구'라 부른 제자가 유다이다.

예수 그리고 기독교 이야기

예수는 인간적 감정에 무딘 사람이 아니었다. 복음서는 예수가 십자가에서 마지막 죽음의 순간에 하나님께 울부짖었다고 전하고 있다.

"나의 하나님, 나의 하나님, 어찌하여 저를 버리시나이까?"

이 순간 예수는 좌절한 것처럼 보인다.

"제가 지금 당신의 도움이 절실한데,
하나님 당신은 지금 어디에 계십니까?"

예수는 메시아라고 주장하던 여느 사람들처럼 비극적인 길을 걸었다. 반체제 운동이 기득적 질서를 위협하는 순간 그 지도자는 색출되어 제거되어야 하는 것이다.[41] 그가 처형되면 대개 그 운동은 사그라지고 더 이상 아무것도 기대할 수 없게 된다.

그런데 기독교 신앙에서는 무엇인가가 일어났다. 기독교 신앙은 분명히 무언가 달랐다. '무언가'가 일어난 것이다. 십자가 처형! 그것

---

41) 당시 예수가 행했던 행동들은 유대교의 신전 대제사장인 가야바와 로마 총독인 본디오 빌라도의 입장에서 볼 때에는 자신들에 대항하는 일종의 반체제 운동으로 여겨졌을 것이다.

은 운동의 끝이 아니었으며 진정 위대한 미스터리 중 하나였다. 암굴에 만든 서기 1세기 예루살렘의 한 무덤에서 놀라운 반전이 있었던 것이다.

예수의 부활! 복음서는 예수의 부활을 말하고 있다. 예수가 육체적으로 살아났다는 것이다. 부활은 고대의 전설이요, 제거되어야 할 유산이라고 말하는 성직자도 있다. 하지만 대부분의 기독교인들은 하나님에 의한 예수의 부활에 기독교의 핵심이 있다고 말하고 있다. 물론 이것은 이성적 주장은 아닐지 몰라도 역사적 사실에 대한 믿음(신앙)의 표현이다. 그 믿음의 힘과 진정성은 전 세계 수십억 사람들이 부활을 믿고 있다는 것으로 증명된다. 예수의 부활이 없는 기독교는 상상조차 할 수 없다. 예수의 부활을 믿지 않는 기독교인이 있을 수 없음이다. 나는 예수의 부활을 믿는 자 중의 한 사람이다.

금요일 휴일
쿠웨이트에서

샤르뎅의 '참생명'

> "물리학자면서 우주학자고 몽상가이기도 하죠.
> 저는 컴퓨터를 통해 간신히 의사 전달만 하고 있지만
> 제 영혼mind은 자유롭습니다.
> In my mind I'm free."

스티븐 호킹Stephen Hawking 박사 본인의 자기소개다.

호킹은 오랜 세월 우주를 탐구하면서 유기물 등의 우연한 조합을 통하여 생명이 만들어지고, 그 생명은 생존을 위하여 자연적으로 진화하는 과정을 거치므로 '창조의 신은 없다'고 주장한다. 그 주장의 옳고 그름은 오직 신만이 알 뿐이니 더 이상의 논란은 불요할 것 같다.

그런데 호킹이 소개에서 언급한 자신(인간)의 영혼도 우연히 형성된 것일까? 《멋진 신세계》[42]에서 그려지고 있듯이 육肉이야 인간 제조 공장에서 유기적 재료들을 조합하여 만들 수 있다 해도, 생명의 본질, 곧 영혼soul, 정신spirit 및 마음mind도 제조할 수 있을까 하는 것이다. 글쎄다… 샤르뎅이 얘기하는 인간이 지니고 있는 '참생명'의 목적 곧 기초적인 정신, 영혼은 신神의 개입이 없이는 존재할 수 없다는 것이 내 생각이다.

---

[42] 영국의 소설가, 문학평론가 올더스 헉슬리(Aldous Huxley, 1894~1963)가 1932년에 발표한 책

인간의 삶이 육(肉)의 주검으로 완전한 끝이라면, 인생이야말로 말할 수 없는 황망한 삶이 아닐까? 나는 현세와는 너무도 다를 새 하늘과 새 땅을 고대하며 나의 신이신 하나님을 믿지 않을 수 없다.

신앙과 생명과의 함수(函數)를 생각하며
쿠웨이트에서

인생의 황야

걸프만의 휴일 아침 풍경이 무척이나 평화롭다. 잔잔한 포근함으로 뺨을 스치는 동풍을 맞으며 아침 운동을 한 후, 바닷가의 한 아라빅arabic 카페를 찾는다. 바로 앞발치까지 하얀 파도가 부서져 밀려오는 테이블에 앉아, 이집트 산産 블랙티 한 잔과 아라빅 샐러드로 간단한 아침 식사를 하며 먼 수평선과 눈을 마주한다.

황야 40일의 시험을 지난 후에도 남은 것은 오직 애급(이집트)을 연모하는 정情뿐이요, 하는 일은 토했던 것을 다시 먹는 돼지의 습관뿐인 때에, 이스라엘의 비참은 극에 달했고 경멸은 스스로 부른 것이라 할 것이다.

그런 '비참'과 '경멸'에 처하지 않기 위해서는, 이미 내게 은혜로서 주어진 '그의 사랑 안In His Love'에서 '그를 사랑하는Love Him' 보다 적극적 능동이 더욱 필요할 때이다. 신神을 사랑함이 없이는 이웃을 그리고 심지어 자신조차도 진정으로 사랑할 수 없기 때문이다.

하나님께서 부르심으로 허락하신 '푯대'에 이를 때까지 '성실한 인내'(빌립보서 3:12-14)로서 인생의 황야를 걸을 일이다.

일상에서의 휴일
쿠웨이트, 망가프(Mangaf) 숙소에서

종교는 쓸모 있는가

지인 한 분이 매우 흥미로운 내용이라고 보낸 "조던 피터슨[43]과 수잔 블랙모어 간의 '종교는 쓸모 있는가'에 대한 토론"을 시청하며, "인간(실은 인간 중 가장 큰 관심은 바로 '나')이란 어떤 존재인가"라는 인생 최대 난제 중의 난제를 풀 수 있는 실마리를 '조던 피터슨' 교수가 얼마간 제공해 주지 않았나 생각하며 그 지인에게 보낸 감상이다.

> 엊그제 보내 주신 조던 피터슨의 동영상 토론은 누가 옳으냐 그르냐를 떠나 말씀대로 대단한 관심과 흥미를 가지고 시청했습니다. 예전에 신과 종교에 대해 극단의 부정적 견해를 가진 '리처드 도킨스'의 책을 읽으며 그의 종교 비판에 뭔가 2%의 부족이 있다고 생각하고 있었는데, 그 역비판적 견해를 시원스레 알게 된 것 같습니다. 내용대로 조던의 상대자 수잔은 도킨스의 추종자로 보이고, 조던의 경우는 무엇보다 그가 사용하는 언어와 내포적 의미 및 구사력이 거침없고 담대하여

---

43) 조던 피터슨(Jordan B. Peterson): 토론토대 심리학과 교수, 전 하버드대 교수, 토론토대 학생들이 뽑은 '내 인생을 바꾼 교수'. 혹한으로 유명한 캐나다 앨버타주 북부의 황량한 시골 마을에서 태어나 거친 환경에서 성장했다. 접시닦이, 주유소 주유원, 석유 시추공, 운전사 등 다양한 직업을 경험하며 자랐다.

뭐라 표현할 수 없을 정도로 토론 주제와의 완벽한 조화를 이루고 있어, 정말 근래에 볼 수 없던 귀하고 깊은 지혜의 보물을 얻게 된 듯한 느낌이었습니다.

  시청 즉시 조던에 대한 검색과 여타 유튜브 동영상도 보고 최근작 《12가지 인생의 법칙》도 읽고 있으며, 운 좋게도 미국의 유명 유튜버 중 하나인 'Joe Rogan Experience'에 그가 출연한 동영상까지 발견하여 시청 중에 있습니다. 간만에 탁월한 사상가를 접하게 해 주셔서 머리가 탁 트이는 기분입니다. 진심으로 감사드립니다.

다시 한 해가 가는 11월의 노을을 보며
서울에서

기독교, 예수의 흔적은 어디 있는가
- 강남순[44]의 중앙시평(2020년 11월 6일 자)을 읽고

신학자가 반드시 신앙인(크리스천)은 아니다. 또한 신앙인이 반드시 신학자도 아니다. 신학자는 직업상 성경과 교회를 보는 관점이 비판적이다. 그렇다고 성경에 대한 비판적 관점이 늘 그른 것은 아니다. 하나님을 두려워하는 순수하고 진정한 비판은 오히려 권장할 일이다. 그런 비판은 우리로 하여금 바른 신앙의 자리에 서게 한다. 그러므로 신앙인인 동시에 신학자를 나는 좋아한다.

근대에 이르러 우리나라의 참된 기독교 사상가이자 신학자라고도 할 수 있는 참 신앙인인 김교신 선생은 "신앙을 하되 머리에 냉수를 치며 하라." 한다. 하나님을 믿는다는 것은 감성이 아니요 이성으로서의 믿음이기 때문이다. 비판을 위한 비판을 일삼는 자들을 지식인이라 부르지 않는다. 그들은 그저 지식인인 척하는 가짜들이기 때문이다. 참 지식인은 세상의 보편적 가치에 반하는 곧 불의·불공정·거짓·몰상식·위선·음습한 음모·모략 등을 바로 세우기 위한 진정성이 있고 합리적이고 정당하며 무엇에도 굴하지 않는 용기 있고 책임 있는 비판을 할 수 있어야 한다. 아무리 뛰어난 사상·철학을 가지고 있다 해도 그것을 세상에 감연히 내놓을 배짱이 없다면, 그는 결코 참 지식인이 아니요 겁쟁이일 뿐이기 때문이다.

---

44) 텍사스 크리스천 대학교, 브라이트 신학대학원 교수

그런 의미에서 본 시평의 필자인 강남순 교수는 그 내용으로만 볼 때 참 지식인이며 용기 있고 책임 있는 참 신학자이자 참 신앙인이 아닌가 한다. 오늘날 한국 교회가 행하고 있는 셀 수 없을 정도의 몰이해·몰상식·거짓 등에 대한 그의 비판은 너무도 예리하고 적확해서 그저 읽는 것만으로도 부끄러워 스스로의 낯조차 거울에 비추어 보기 쉽지 않다. 그 이유는 단 한 가지로 귀결될 수 있으리라. 그들(한국교회)은 하나님을 이성이 아닌 감성으로만 믿으려 하기 때문이다. 강 교수 시평의 결론은 그가 첫머리에 인용한 어느 철학자의 한 마디다.

"오직 한 명의 기독교인이 있었으며,
그는 십자가에서 죽었다."

과연 '나'는 참 신앙인(크리스쳔christian)인가 아니면 그저 '교회인'[45]인가?

소위 하나님 믿는다는 자들은 스스로 자문해 볼 일이다.

스러진 낙엽을 밟고 가을은 떠나고 겨울이 오는 길목이다.

11월의 낙엽을 밟으며
서울에서

---

45) 교회인(goer-church): 주일에 한 번 옆구리에 성경 끼고 교회·성당에 가는 자

자유로운 자

나는 이미 자유로운 사람
우리의 무기는 사랑
참 빛을 보았으면서도 그 빛이 무언지 모르는 자
클라비아스, 본디오 빌라도의 최측근 오른팔
그러나 마침내 그는 그분을 보았다
그리고 그는 자유로운 자가 되었다

보고 믿는 자가 옳다
보지 않고 믿는 자는 더 옳다
많은 예수의 제자들이 그의 육체를 보았다
그래서 더욱 믿을 수 있었다
그러나 나는 그분을 보지 못했다
아니 나 또한 그분을 늘 본다
그러므로 나는 그분의 살아 계심을 믿게 되었다
돌아가신 나의 부모님이 내게 있어서는
돌아가시지 않은 것처럼 늘 봄으로

볼 수 있는 눈이 있어 보는 자
볼 수 있는 눈은 있으나 볼 수 없는 자

볼 수 없는 눈이 없어 보지 못하는 자
볼 수 없는 눈은 없으나 볼 수 있는 자
우리는 기적을 보고 싶어 한다
그리고 그 기적을 보고 믿는다
오늘날 우리에게 있어 기적이란 무엇인가
매일매일의 새로운 맞음이 기적이다

우리 모두가 문둥이다
버림받은 문둥이
예수 시대의 문둥이는 저주의 자(者)들이었다
그러나 그들만큼 예수의 축복을 받은 자들도 없었다
그들은 저주의 자들이 아니었다
그러므로 나도 문둥이가 되려 한다

나는 바라볼 만큼 바라보았다
그러나 알 수가 없었다
눈이 밝지 못해서가 아니라 마음이 어두워서 알 수가 없었다
그러나 가끔 나는 스스로가 어둠 속에 있음을 감사한다

그분은 우리에게 어둠을 주시며, 또한 빛을 주셨다
어둠이 없이는 빛을 알 수가 없기 때문이다
나는 지금 무엇을 찾고 있나
이 어둠 속에서

또 이 영광의 찬란한 빛 속에서
찾을 필요가 없는 것을 찾고 있는 자
이미 내 속에 있음인데

           휴일 새벽의 기도
         김포골 작은 서재에서

"그리스도께서 우리로 자유케 하려고 자유를 주셨으니
그러므로 굳세게 서서 다시는 종의 멍에를 메지 말라"

(갈라디아서 5장 1절)

맺는말

 책에는 대체로 후기라는 것이 있다. 내 경우 책을 사서 본문에 들어가기 전에 반드시 먼저 읽는 것이 머리글이요 후기이다. 그 두 가지를 읽으면 글의 전체 그림을 그릴 수 있어서이다. 여기 맺는 글을 쓴 이유이다.

 출판사로부터 편집 전 마지막 수정이니 가능한 꼼꼼히 체크하라는 멘트에, 내용 수정이 끝났음에도 좀처럼 골방 서재에서 출판사로 내보내기가 쉽지 않다. 품 안에서 키우던 새끼를 쉬이 떠나보내기 싫은 어미의 마음이랄까. 아니 그보다는 쓴 글을 읽으면 읽을수록 마음에 들지 않는 구석이 한두 곳이 아니어서 종일 그 생각뿐이요 꿈에서도 문제 해결을 할 때가 있으니 산고産苦가 따로 없기 때문이다.

 그래서 그런지 책을 출간하며 이토록 고치기를 많이 한 적은 없었던 듯하다. 나이가 나이니만큼 다시는 이런 류의 글쓰기가 쉽지 않으리라는 내심의 아쉬움, 안타까움이 있기 때문이리라. 수필집의 경우 수년에 걸쳐 꾸준히 글을 쓰고 모아야 하는 건 당연지사. 또한 이미 쓴 글을 자주 읽으며 수없이 고치고 스스로는 물론 주변과 공유도 하면서 수정, 검증을 지속적으로 반복해야 할 뿐만 아니라, 출판사에 넘긴 뒤에도 세상에 나올 때까지는 보통 서너 달이 걸리는 게 예사다. 디자인, 사진, 인용 글에 관한 지적재산권 침해 등에 대한 전문가와의 끊임없는 대화, 교정, 편집, 인쇄 등 거쳐야 할 과정이 많다. 참으로 길고 긴 시간이다. 세상사가 다 그렇듯 이 또한 보통의 인내와 집중이 없이는 쉽지 않은 일이다.

　대략이나마 출판 기일이 정해지면 완벽을 기하겠다고 한없이 시간을 끌 일도 아니다. 알 수는 없으나 운명적으로 정해진 필멸의 시간에 맞춰 나름대로 삶의 행로를 고민하고 계획하듯이 책의 출판도 같은 길을 걷는 것이다.

　결국은 떠나보내야 한다. 원컨대 언제가 될지는 모르나 또 다른 잉태를 위하여….

가을이 깊어 가는 2024년 10월
김포골 골방 서재에서